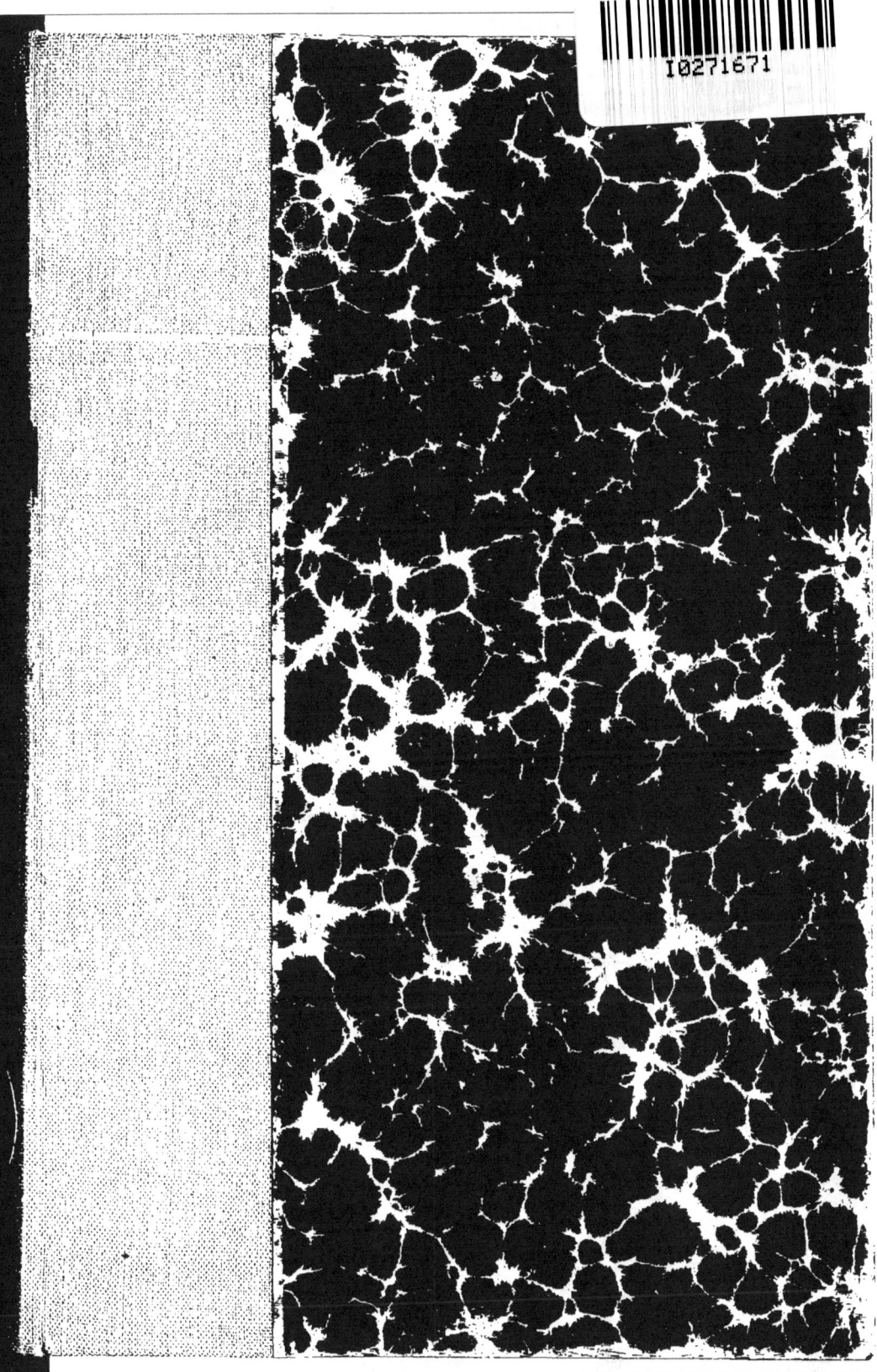

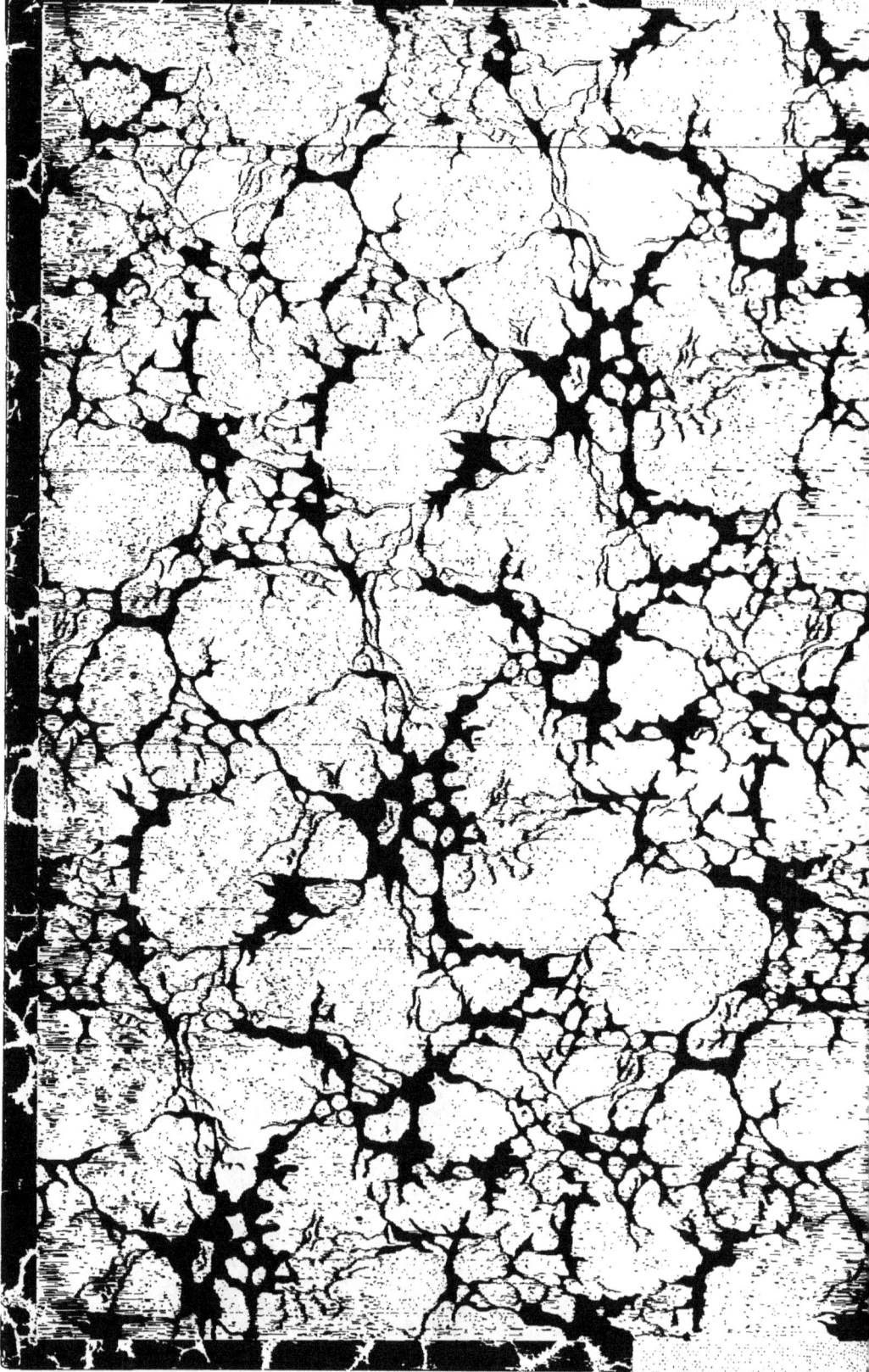

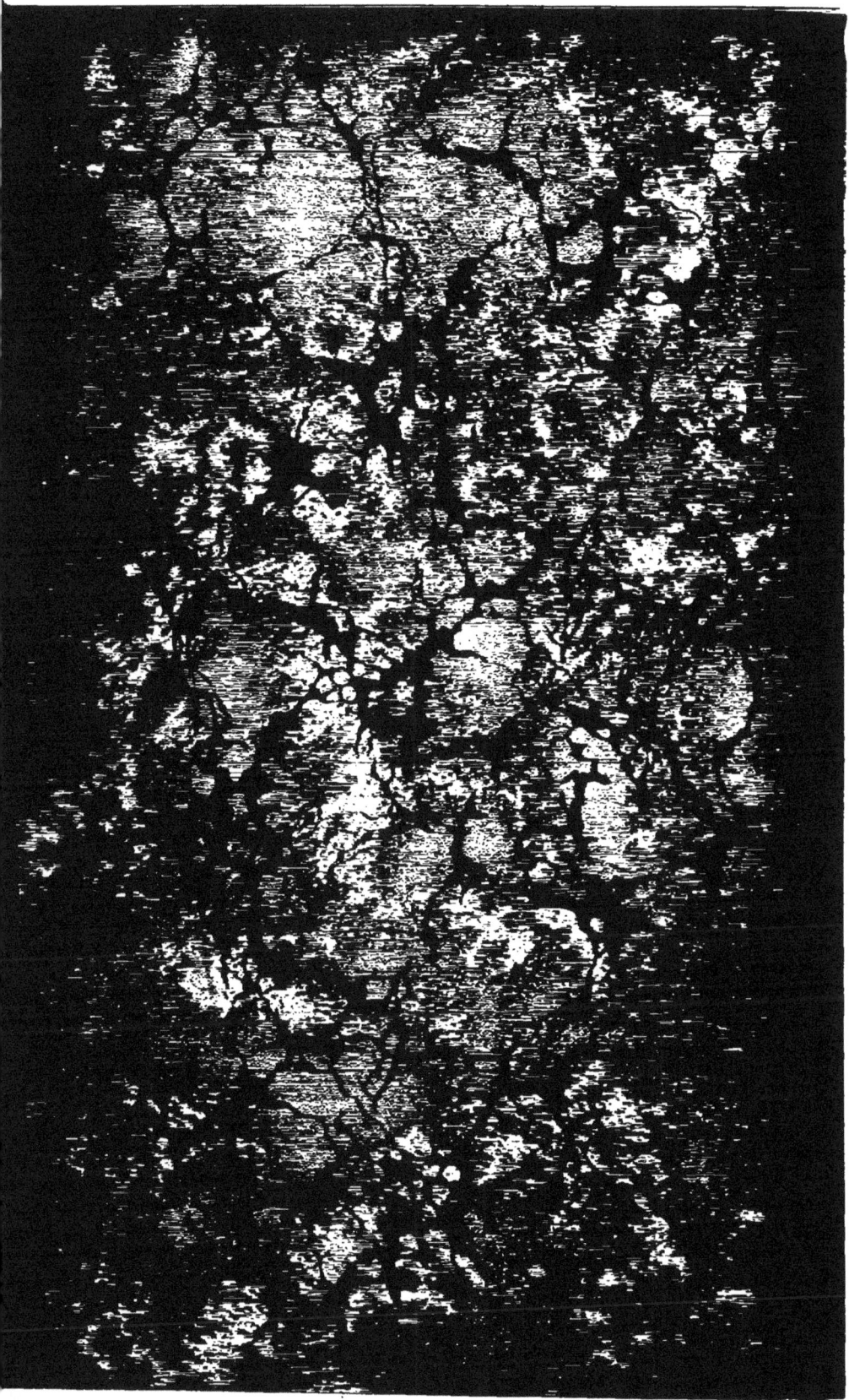

E. MANNE

LA MÈRE ZOÉ

Mère Supérieure générale

DES

SŒURS DE LA PROVIDENCE DE SENS

PAR

L'ABBÉ L. F. MASSÉ

DES PÈRES DE SAINT-EDME DE PONTIGNY

(Mitis et humilis.)

AUXERRE

IMPRIMERIE OGÉ-CHAMPION
8, RUE DU COLLÈGE, 8

À PACY	À SENS
Chez M. VOISIN	Chez les Sœurs de la Croix
(1886)	rue de la Croix

LA

R. MÈRE ZOÉ

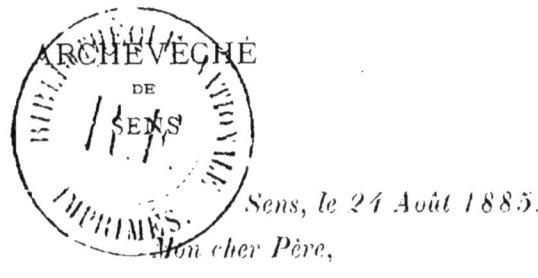

Sens, le 24 Août 1885.

Mon cher Père,

Non seulement je vous approuve d'avoir écrit la vie de la Révérende Mère Zoé deuxième Supérieure générale de la Providence, mais encore je vous en remercie. Ce sujet était digne de vous et vous l'avez traité avec grand succès.

Les Religieuses de la Providence en lisant la vie si belle de celle qui fut leur mère se rappelleront mieux les exemples si édifiants qu'elle leur a donnés durant sa vie et se sentiront plus efficacement portées à les imiter.

La Mère Zoé dont j'ai pu apprécier pendant dix-huit ans les rares qualités de l'esprit et du cœur fut une excellente Supérieure. Par sa bonté, elle sut s'attirer la confiance et l'affection de toutes ses filles et par son zèle éclairé et sa prudence elle assura les heureux développements de l'Œuvre si importante à la tête de laquelle l'avait placée la divine Providence.

Recevez, mon cher Père, l'assurance de ma paternelle affection.

† VICTOR-FÉLIX,
Archevêque de Sens.

Pontigny, 25 Août 1885.

Mon bien cher Père,

Vous avez répondu à ma demande expresse et à mon plus vif désir en écrivant la vie de la R. M. Zoé deuxième Supérieure générale des Sœurs de la Providence de Sens, qui a si puissamment contribué par ses vertus et son admirable dévouement à la prospérité de la Congrégation.

Vous vous êtes acquitté de cette tâche avec toute la perfection que j'attendais de vous. Je vous en remercie en mon nom et au nom de toutes mes chères filles, et j'en bénis de tout mon cœur la divine Providence.

Recevez, mon cher Père, l'assurance de mes sentiments de respectueuse et paternelle affection.

P. BOYER.
SUPÉRIEUR

AUX SŒURS

DE LA

PROVIDENCE DE SENS

Mes Sœurs,

Le temps marche vite et voilà déjà près de deux années que vous conduisiez au tombeau, au milieu de vos larmes, la Mère vénérée qui, pendant quarante-cinq ans, a édifié votre famille religieuse par des vertus inconnues du monde, mais connues de vous toutes et admirables aux yeux de Dieu. Elle a laissé dans vos cœurs un souvenir trop saint et trop cher pour qu'il soit abandonné à l'inévitable oubli qui atteint toutes les choses humaines et qui déjà menace de descendre.

Si elle était restée simple servante de Dieu dans le monde, et si Dieu l'eût laissée vivre et mourir dans son village comme ces fleurs de la solitude qui vivent et meurent sans autre témoin que le regard de Dieu, elle n'aurait pas besoin d'histoire dans la mémoire des hommes, il lui suffirait de vivre à jamais dans la mémoire de Dieu.

Mais elle fut plus heureuse. Comme ces fleurs privilégiées, que de pieuses mains vont cueillir dans la campagne et apportent sur nos autels, afin qu'elles ornent et embaument le saint lieu et s'effeuillent sous les regards de Jésus-Christ. Ainsi, Dieu est allé la chercher dans son foyer obscur, il l'a transplantée dans ce parterre de la Providence, préparé exprès pour la recevoir, deux ans avant qu'elle vint au monde, et où il commençait à réunir les jeunes âmes choisies du voisinage.

C'est là que, pendant près d'un demi-siècle, elle a exhalé ce parfum de sainteté qui s'appelle la bonne odeur de Jésus-Christ. Depuis son entrée en religion jusqu'à sa mort, elle a disposé dans son cœur ces admirables ascensions qui l'ont conduite au sommet de la perfection.

Il ne faut pas laisser l'herbe de l'oubli croître sur ces chemins de sainteté, qui doivent rester pour vous des sentiers de lumière et d'amour. Sans doute, il n'est donné qu'à un petit nombre d'hommes de laisser, sur cette terre d'oubli, l'empreinte de leurs pas, et ce sillon brillant qui s'appelle la gloire. Mais les justes, même les plus cachés, ont une autre splendeur, plus belle et meilleure, qui jaillit de leurs œuvres et qui descend directement de Dieu sur eux : *Semita justi quasi lux splendens.*

Ce sont ces traces lumineuses et encore fraîches qu'il faut reprendre pas à pas avant que vienne l'oubli, et fixer dans un récit qui soit pour vous et pour votre postérité religieuse un titre de noblesse et un mémorial aussi utile que consolant. Vous la verrez passer successivement par toutes les phases de la vie chrétienne et religieuse, par toutes les charges de la communauté, novice, professe, maîtresse de classe, maîtresse des novices, assistante, supérieure générale, et se montrer dans chacun de ces états et de ces emplois, un modèle accompli.

Elle repose entre votre fondateur et votre fondatrice vénérés, comme l'héritière généreuse de leur double esprit, et l'exécutrice fidèle du testament religieux qu'ils vous ont laissé, et dont elle semble avoir incarné en elle-même le caractère, l'esprit et les vertus.

Il y a une harmonie étonnante entre la naissance, la vie entière de cette véritable fille de la Providence, et la communauté à laquelle Dieu l'avait prédestinée.

Les Sœurs de la Providence ont été fondées d'abord et surtout pour élever, dans les villages, les filles des cultivateurs et visiter les malades. Elle est née d'une famille patriarcale de laboureurs, elle a vécu parmi les laboureurs, et, encore adolescente, elle s'est vouée à l'œuvre qui naissait en même temps qu'elle dans son propre pays. Exemplaire admirable de l'humble genre de vie que vous avez embrassée, mes sœurs, il nous est permis de l'offrir à votre imitation et de vous dire : « Regardez, et faites selon le modèle que Dieu vous a montré. »

Pour vous, ses contemporaines, ses disciples et ses filles, elle n'est qu'absente ; son souvenir, ses conseils, son image, vous suivent partout et vous accompagneront jusqu'à la fin de votre vie ; néanmoins, vous serez heureuses de retrouver dans ce récit des actes de vertu que vous ignoriez et le reflet vivant, quoique bien affaibli, de sa sainte et douce physionomie.

De plus, vous aurez des héritières de votre dévouement qui ne l'auront pas vue, qui ne l'auront pas entendue, et qui seront consolées, édifiées et fières de contempler dans ces pages le rayonnement de son visage, d'y entendre ses paroles d'autrefois et comme sa voix d'outre-tombe. C'est son apostolat que je voudrais continuer.

Sur le tombeau où son corps virginal

vous reste comme une relique et une protection, nous déposons ces récits destinés à la faire revivre parmi nous et à vous continuer, après sa mort, l'édification qu'elle vous a donnée pendant sa vie. Recevez-les comme l'hommage d'un cœur qui vous est dévoué et qui réclame en échange et à jamais, un souvenir dans vos prières.

Pontigny, 16 juillet 1885.

En la fête de N. D. du Mont-Carmel, 67º anniversaire de la fondation des Sœurs de la Providence.

CHAPITRE I

Naissance. — Famille. — Enfance. — Première communion.

En la fête de la Nativité de la sainte Vierge, le 8 septembre 1821, à Saint-Aubin-Châteauneuf, village de la vallée d'Aillant, au diocèse de Sens, naissait une enfant qui reçut au baptême les noms de Marie-Célestine Sévère, et qui devait plus tard, en Religion, prendre le nom de Zoé sous lequel seul elle est connue et vénérée.

Son père se nommait Thomas Petit ; c'était l'homme de bien, le chrétien fidèle, simple et craignant Dieu. Sa Mère, Marie-Catherine Trouvé, se montra toujours la femme forte et pieuse qui gouverne sa maison selon la sagesse chrétienne.

On retrouvait à ce foyer patriarcal, les

traditions des âges de foi, la prière en commun, l'observation fidèle des lois de Dieu et de l'Eglise, l'austérité des mœurs et le travail des champs ennobli et sanctifié par les grandes vues de la Religion.

Un fils et cinq filles furent la bénédiction dont Dieu se plut à gratifier ce foyer chrétien. Le fils mourut jeune et s'en alla au ciel revêtu de l'innocence de son baptême. Les cinq filles se montrèrent fidèles au sang qui coulait dans leurs veines, trois se sanctifièrent dans le monde et deux plus privilégiées se consacrèrent à Dieu dans la vie religieuse.

Marie-Célestine vint au monde la troisième, le jour même de la naissance de la sainte Vierge Marie, dont elle reçut le nom au baptême. Cette coïncidence parut à tous un présage heureux et devint, pour elle-même, un motif de plus fervente dévotion à celle qu'elle appela toujours sa mère. Cette date fortunée du 8 septembre brille sur son berceau et sur le reste de sa vie comme un signe de prédestination, et comme le gage des grâces signalées qu'elle reçut toujours en cet anniversaire béni. C'est le jour où elle fut baptisée, le jour où elle revêtit l'habit Religieux, où elle fit profession et prononça ses vœux, le jour enfin où, au milieu de ses larmes et à l'applaudissement de tous, elle fut installée supérieure générale.

Lorsque Marie-Célestine quitta les langes du berceau pour revêtir sa première robe, sa pieuse mère la porta secrètement à l'église. Elle la déposa avec une respectueuse tendresse sur l'autel de Marie, à laquelle elle la consacra de nouveau et pour toujours. Puis la redescendant à terre, elle dirigea ses petits pieds et lui fit faire ses premiers pas sous les yeux de la divine Mère, en la conjurant de diriger les démarches et tous les pas de sa fille chérie dans les sentiers de la justice chrétienne.

Cette prière fut pleinement exaucée, et, dès les premières lueurs de raison, on vit poindre dans l'angélique enfant cette admirable piété qui fut la lumière et l'inspiration de toute sa vie. La nature et la grâce avaient réunis en elle leurs plus beaux dons, une intelligence précoce, une mémoire heureuse, un cœur aimant et ce goût très remarquable des choses de Dieu qui est le privilège des cœurs purs. A ces charmes de l'âme, elle joignait la beauté du corps, une douce et attrayante physionomie. Chacun admirait ses grâces enfantines et félicitait l'heureuse mère de posséder un pareil trésor. Ces éloges, tout en flattant la mère, contristaient déjà l'enfant qui, dès ses premières années, comme dans un âge plus avancé, ne voulut jamais attirer sur elle que les regards de Dieu.

La piété naissante de Marie-Célestine s'alimentait sans cesse des paroles et des exemples dont l'entourait sa chrétienne famille. Dès qu'elle eut commencé à articuler une parole, sa pieuse mère s'était empressée de lui apprendre les belles prières en usage dans l'Eglise. Chaque jour elle voyait ses parents et ses sœurs se réunir le matin et le soir pour la prière commune, et elle était heureuse d'unir sa voix, encore mal déliée, à ces voix aimées pour redire à Dieu les paroles du ciel déjà gravées dans sa mémoire. Chacun, pour cette religieuse action, s'agenouillait par terre, dans l'attitude de l'adoration, et le père qui revenait le soir, épuisé par le rude travail des champs, ne voulait accepter aucun appui pendant l'heure de la prière. C'était lui, le chef de la famille, qui, debout, le front découvert, bénissait la table chargée du pain qu'il avait gagné. Pendant le repas, les enfants faisaient tour à tour la lecture de la *Vie des Saints*. N'était-ce pas déjà l'image adoucie de la vie religieuse, et comme les fleurs du cloître s'épanouissant dans nos villages dont les mœurs étaient si pures, les habitudes si laborieuses, si aimables et si chrétiennes.

Le dimanche, le père de cette douce famille se faisait un honneur d'être chantre à l'église, et il se plaisait à exercer ses filles au chant des psaumes et des hymnes sacrés. En homme de foi éclairé, il avait coutume de dire à sa pieuse femme : Apprends aux enfants à prier en français, moi je leur apprends à prier et à chanter en latin, c'est plus selon l'esprit de l'Eglise.

La petite Marie-Célestine savourait ces leçons et se portait à Dieu par toutes les pentes de son cœur enrichi des grâces du baptême. Elle aimait l'église, elle trouvait déjà ses délices devant le tabernacle solitaire et y allait souvent prier. Elle avait surtout un grand attrait pour les cérémonies religieuses qui captivaient ses sens et l'attendrissaient jusqu'aux larmes. Elle arrivait la première aux saints offices et elle ne s'y rendait guère sans faire des recrues sur son chemin. Les compagnes qu'elle rencontrait attardées à leurs petits travaux ou emportées par les ardeurs du jeu subissaient son influence et cette bonté qui fut toujours le trait saillant de sa physionomie. Elles ne savaient pas résister à ses sollicitations et à sa voix, elles quittaient tout pour se rendre avec elle à l'église.

Vive autant que bonne, elle répondait aux taquineries de ses sœurs par de brusques réparties. Jusque dans ses dernières années, elle se reprochait d'avoir été méchante et de les avoir souvent frappées. Quelques jours avant sa mort, une sœur lui parlait de sa bonté inaltérable et de cette patience que rien ne lassait : « Ah! lui répondit-elle, j'ai été violente dans mon enfance, je frappais mes sœurs ; un jour, j'avais alors six ans, impatientée des cris de la plus jeune dans son berceau, je la berçai avec tant de violence que je renversai le berceau. A la vue de ce désastre, je poussai des cris plus perçants et plus désolés que les siens, tant je craignais de lui avoir fait mal. Je ne sais si elle put dire, comme saint François de Sales : Je ne me suis jamais fâché qu'une fois en ma vie et je m'en suis toujours repenti. Mais ce qui demeure incontesté, c'est que, violente comme cet aimable saint, elle sut comme lui dompter son humeur et devenir un modèle accompli de grâce et de charité. Pendant toute sa vie religieuse, elle eut pu dire avec l'incomparable suavité de son langage : « J'ai le cœur fait comme les arbres qui portent le baume, plus on les déchire, plus ils donnent leur parfum, plus on me peinait, plus j'aimais. »

L'intelligence vive et facile de Marie-Célestine se développait comme son cœur et semblait s'ouvrir avec une particulière aptitude, et une sorte d'avidité, aux lumières divines ; l'Esprit Saint l'éclairait comme un temple où il résidait sans qu'une ombre obscurcit ses clartés. A huit ans, elle savait tout le catéchisme et les faits principaux de la vie de Jésus-Christ.

Elle se faisait une fête d'assister au catéchisme ; silencieuse et attentive, elle paraissait suspendue aux lèvres du pasteur. Elle était la plus jeune, et c'était pourtant à elle qu'étaient adressées les questions les plus difficiles qui embarrassaient le petit auditoire, et auxquelles elle donnait, d'ordinaire, une réponse claire et intelligible.

Il s'agissait un jour du mystère de la Sainte-Trinité ; après la récitation de la lettre, vint l'explication du mystère. Aux questions adressées par le catéchiste, point de réponse, et la séance allait se terminer, lorsqu'une enfant de neuf ans, de petite taille, à la figure fine et expressive, assise en arrière sur l'extrémité d'un banc, se lève et demande à répondre. « Je connais bien un savant homme, dit Marie-Célestine, qui voulut absolument comprendre ce mystère et n'y put réussir. Ce savant se promenant un jour sur le bord de la mer, considérait l'immensité des flots et s'absorbait dans ses vastes pensées, lorsqu'il aperçut un enfant occupé à puiser l'eau de la mer pour en remplir un trou creusé par lui dans le sable du rivage. — Que faites-vous là, mon enfant ? — Je voudrais renfermer dans ce trou toute l'eau de l'océan. — Vous voulez l'impossible, mon enfant. — Et vous, grand savant, comment pourriez-vous comprendre et renfermer dans votre petite intelligence l'immensité de Dieu, et le mystère de la Sainte-Trinité, plus profonds que tous les abimes de l'océan. — Ce savant était saint Augustin et le petit enfant était un ange chargé de donner une leçon à ce grand docteur. »

Qui vous a appris cela, ma fille, dit le

pasteur étonné ? — Je l'ai lu, répondit-elle, dans la *Vie des Saints*.

Le soir, le pasteur racontait tout à la famille, fière et heureuse : « Bon père Thomas, ajouta-t-il, gardez bien le trésor que Dieu vous a confié, elle est déjà l'oracle de mes catéchismes et la Providence a des desseins sur elle.

Pendant trois ans, la paroisse de Saint-Aubin, privée de curé, fut dirigée par un prêtre du voisinage, qui ne pouvant venir qu'une fois par semaine, sentit le besoin de s'adjoindre un aide pour l'instruction religieuse des enfants. Lui aussi avait discerné Marie-Célestine, et quoique la plus jeune de toutes et la plus petite de taille, c'est elle qu'il choisit pour catéchiser ses compagnes beaucoup plus grandes et plus âgées. Notre docteur de dix ans faisait réciter la lettre, expliquait le sens et exhortait son auditoire attentif avec tant de gravité et une onction si pénétrante que des jeunes filles de quinze ans subissaient la magie de sa parole et l'écoutaient avec une respectueuse attention. Elle préludait ainsi, sans le soupçonner, aux conférences spirituelles qu'elle dut faire toute sa vie, d'abord aux élèves, puis à ses novices et enfin à la communauté tout entière.

Cependant, M. André, jeune prêtre distingué, le futur auteur du *Dictionnaire de droit canon*, qui fut plus tard honoré de la prélature romaine et du titre de protonotaire apostolique, reçut sa nomination à la cure de Saint-Aubin.

En arrivant, il trouva de nombreux enfants, d'un âge déjà avancé, qui, depuis trois ans, attendaient avec impatience le jour tant désiré de la première communion. Il déploya le plus grand zèle pour raviver la foi, réparer les ruines, instruire la jeunesse, et enfin préparer avec tout le soin possible, cette troupe d'adolescents au plus grand acte de leur vie.

Parmi les industries que le zélé pasteur mettait en œuvre pour donner de l'intérêt et de l'attrait à ses catéchismes, le chant des cantiques avait une grande place. Il savait que l'enfant et le peuple sont sensibles aux charmes de l'harmonie.

aussi bien que les esprits culivés. Là où finit la parole le chant commence, il exprime l'inexprimable. Et qui donc a jamais pu exprimer la moitié de son cœur, la moitié de ses mélancolies, de ses larmes et surtout de ses adorations ? Quoi de plus inexprimable que le divin ? L'homme a besoin de chanter son Dieu, sa foi, ses espérances, son amour et de les envoyer jusqu'au ciel sur les ailes de l'harmonie. L'enfant chante dès qu'il peut parler, le laboureur chante dans ses campagnes, le pâtre dans ses vallées, le bûcheron dans ses forêts, l'aveugle chante en son chemin. L'Église qui est le génie de Dieu et a l'intelligence de tous les besoins de l'âme, donne une place divine à l'harmonie et en remplit ses temples. Elle emprunte à David les psaumes immortels qu'il chantait sur la harpe, et y trouve des accents seuls capables de porter son amour et ses larmes jusqu'à Dieu. Et elle a tellement senti ce qu'il y a de divin dans la mélodie, que c'est le seul des arts qu'elle ait placé dans le ciel.

Pénétré de cette pensée, le jeune pasteur se faisait une joie d'exercer les enfants au chant des offices de l'Église. Il exigeait de chacun un livre d'offices et un livre de cantiques, afin qu'ils pussent se préparer entre eux, dans les heures de loisir. « Le cantique est une prière, leur disait-il, exerçons nos voix à chanter les louanges du Seigneur, c'est l'occupation des Bienheureux dans le Ciel. Si nous n'avons pas une belle voix, chantons toujours, le bon Dieu acceptera notre bonne volonté. D'ailleurs, ajoutait-il en souriant, si vous ne le pouvez pas et si vous avez de la foi, demandez au bon Dieu de réformer votre voix et de vous apprendre. »

Marie-Célestine était trop pénétrée de foi et trop docile pour ne pas mettre en pratique la recommandation du pasteur. Elle la prit à la lettre avec une naïveté qui émeut et qui fait sourire. La pauvre enfant n'était pas richement douée sous le rapport de la voix, c'était presque le seul don naturel qui lui manquât.

Aussi la voyons-nous, dès le lendemain, dans le jardin de la maison paternelle, le cantique en main, se mettre à genoux, lever les yeux au ciel et demander avec grande ferveur et simplicité, la grâce de bien chanter. Puis, voulant savoir si la faveur est obtenue, elle se relève et commence un couplet. Insuccès complet, elle retombe à genoux, une seconde, une troisième fois, et recommence des essais nouveaux aussi malheureux que le premier. Hélas ! le bon Dieu, ce jour-là, ne jugea pas à propos de faire un miracle pour doter sa petite servante d'une voix harmonieuse, il lui accorda une faveur plus merveilleuse, une humilité profonde qui charme mieux son cœur que les accents de la voix la plus mélodieuse.

Cependant, le jour de la première communion approchait et, le 10 mai 1835, date inscrite au ciel, Marie-Célestine âgée d'un peu plus de treize ans, et pourtant la plus jeune de ses compagnes, allait recevoir, pour la première fois, le Dieu qu'elle aimait de tout son cœur et à qui elle devait consacrer sa vie.

On connait le charme des premières communions dans nos campagnes chrétiennes. C'est la fête par excellence, suave comme la Fête-Dieu, attendrissante comme la plus belle fête de l'enfance et du foyer. Le 10 mai, c'était donc fête à Saint-Aubin, fête dans les familles, et surtout dans les jeunes âmes qui, depuis si longtemps, appelaient de leurs vœux le Dieu qui allait réjouir leur jeunesse.

Dès la veille, l'église s'embellissait de verdure et de fleurs des champs. L'absolution était reçue avec ces premières larmes que nous avons connues et qui ne s'oublient plus.

Après le pardon de Dieu reçu à l'église, le soir, au foyer, c'est le pardon des parents qui, représentants de Dieu, veulent pardonner comme lui et enveloppent, dans leurs bénédictions et leurs larmes, des enfants qu'ils n'ont jamais trouvés si dignes de leur tendresse.

Le lendemain, la journée se leva radieuse, les familles remplissaient l'église et suivaient d'un œil attendri leurs fils et leurs filles qui occupaient la place d'honneur. Parmi ces jeunes filles vêtues de blanc, il y en avait une, plus petite que les autres, qui semblait vouloir disparaître dans les longs plis de son voile et dérober à tous les regards cet éclat d'innocence et de grâce dont rayonnait son visage. Ses yeux humides et baissés, son air profondément pénétré furent remarqués de tous, et sa sœur aînée qui, pendant ce jour, était comme fascinée et ne pouvait en détourner la vue, raconte encore aujourd'hui qu'elle en fut ravie comme d'une apparition du ciel.

Ce n'était là qu'un reflet, au dedans s'accomplissaient d'autres mystères. Dieu semblait lui dire comme à la jeune Rose de Lima, au plus intime de l'âme : « Tu seras la rose de mon cœur. » C'est en ce jour-là que se passent souvent entre Dieu et ses prédestinés des pactes d'amour et que s'inaugurent les dévouements. Le jeune homme dit à Dieu dans le secret de son cœur : moi, je serai prêtre ; moi, je serai apôtre. La jeune fille voit s'ouvrir devant elle le vaste horizon du sacrifice et de la charité et confie à

Jésus-Christ ses projets d'avenir : moi, je serai votre épouse, je vous appartiendrai toute entière, pour m'immoler, pour soigner vos pauvres, vos orphelins, vos malades. L'œil perspicace du pasteur discerne parfois ces rares élus à qui Dieu prépare de plus hautes destinées. M. André reconnut en Marie-Célestine une de ces privilégiées de Dieu, il cultiva en elle les dons précieux, et il lui garda toute sa vie une estime qui touchait à la vénération.

De son côté, Marie-Célestine sentait, en elle-même, l'instinct mystérieux de ces dévouements pourtant inconnus dans son pauvre village. Mais ce germe déposé par le baptême, fécondé en ce jour par le sang de Jésus-Christ, grandira presque à son insu, et Dieu viendra le cueillir au jour marqué par sa providence.

Chacun des enfants s'approcha avec ferveur de la sainte communion et reçut le même Dieu sans recevoir les mêmes grâces. Jésus est la source jaillissante, où chacun vient puiser, avec le vase d'albâtre d'un cœur purifié, mais selon sa largeur et sa capacité. Dieu se verse plus abondamment dans un cœur large et profond, que dans un cœur étroit. Parmi les heureux communiants, il y eut certainement une âme plus dilatée par la charité, qui reçut la grâce de prédilection. Cette privilégiée, nous n'hésitons pas à l'affirmer, et toutes ses compagnes l'eussent proclamé comme nous, ce fut Marie-Célestine qui, comme saint Jean après sa première communion, but à longs traits au cœur de Jésus, l'amour qui a décidé de sa destinée.

Reconnue par tous comme la plus digne et la plus instruite, elle fut choisie pour adresser au pasteur le compliment d'usage. Elle le prononça d'une voix émue, mais ferme, au milieu de la foule silencieuse. Et, lorsqu'elle eut fini, par un élan de foi qui venait achever sa parole, elle tomba à genoux et, avec une simplicité ingénue, elle réclama pour tous la bénédiction du prêtre. Tous, enfants et parents, s'agenouillèrent à son exemple sous une irrésistible émotion. Cet acte si simple, qui était inconnu jusque-là et n'avait jamais été vu à Saint-Aubin, qui l'avait inspiré à cette enfant, sinon l'esprit de Dieu ?

La première communion faite, le pasteur vigilant ne perdait pas de vue son petit troupeau, il le réunissait tous les dimanches pour le fortifier dans la science chrétienne et lui offrir des moyens de persévérance. Parmi ces moyens, il en avait un qui produisit les plus heureux fruits : la confrérie du Saint-Scapulaire. Les jeunes filles, qui s'en montraient dignes par leur conduite exemplaire, y étaient admises et participaient, tous les quinze jours, à la sainte communion. Marie-Célestine était la première et la plus fidèle à ces pieuses réunions ; modèle des jeunes filles, comme elle l'avait été des enfants, elle revêtit les livrées de la Sainte-Vierge dans le mois de mai 1836.

Il lui semblait qu'avec cette dernière cérémonie commémorative de sa première communion, le meilleur de son passé la quittait ; elle ne savait pas encore que c'était le présage d'une plus sainte vocation.

CHAPITRE II

Adolescence — Etablissement des Sœurs de la Providence à Ligny-le-Châtel — Madame Bresson — Monsieur Brigand — Vocation de Marie-Célestine

L'enfance de Marie-Célestine était écoulée. Elle avait brillé comme ces matins pleins de fraîcheur et d'harmonie qui annoncent un beau jour. Elle entrait dans les années plus brillantes de l'adolescence, elle avait quinze ans, et chaque jour, en développant ses charmes extérieurs, révélait davantage les trésors de grâce que renfermait sa belle âme. Elle était déjà dans sa famille et dans son village la bonne odeur de Jésus-Christ. C'est elle qui donnait l'élan à ses compagnes plus âgées, et qui communiquait ses ardeurs aux plus indifférentes. Il est remarquable qu'elle fut, dans un aussi petit village ou l'état religieux n'était pas connu, l'inspiratrice et comme les prémices de vingt-cinq vocations qui s'allumèrent à son contact et marchèrent sur ses traces.

Il était difficile, même aux plus tièdes, de vivre dans son atmosphère et de se dérober à l'influence secrète qui sortait de toute sa vie. Déjà on voyait briller en elle les vertus solides, sans doute encore en fleurs, mais qui promettaient pour l'avenir des fruits merveilleux : la bonté, la fermeté, l'horreur indignée du mal, la soif du sacrifice.

La bonté est la plus grande puissance, et c'est elle qui fera plus tard de Marie-Célestine une maîtresse et une supérieure accomplies; elle en donna les premières marques dans l'occasion suivante.

Une enfant qui venait de faire sa première communion fut invitée par des parents à une fête patronale voisine de Saint-Aubin. Ce fut pour l'enfant un de ces mirages de bonheur que nous avons tous connus, et elle obtint de sa mère la permission de s'y rendre avec une personne sérieuse de la famille.

Elles entrèrent, en passant, chez Marie-Célestine, et là une moraliste plus sévère que bonne reprocha assez durement à l'enfant d'aller à une fête profane si peu de temps après sa première communion. La pauvre petite restait confondue, lorsque Marie-Célestine prit sa défense, comme elle faisait toujours quand Dieu n'était pas offensé. « Pourquoi contrister cette enfant, dit-elle avec une grâce charmante, je suis sûre qu'elle ne fera pas de mal à cette fête, et que même elle y priera le bon Dieu et édifiera ses compagnes. » La pauvrette releva la tête comme une plante sous une goutte de rosée, elle ne perdit jamais le souvenir de cette petite scène, et elle avoua plus tard que cette affectueuse indulgence n'avait pas été étrangère à sa vocation.

La bonté n'était pas faiblesse chez Marie-Célestine et elle le prouva, encore à l'occasion d'une fête patronale, dans son propre village. Là, comme dans les grandes villes, il y a deux cités, la cité de Dieu et la cité du monde. Et c'est surtout dans ces fêtes qui sont devenues des fêtes sataniques, que se manifestent les deux partis. Le soir, les danses étaient installées sur la place de l'église, lorsque le pasteur vénéré de tous mais dont le zèle excitait un secret dépit, sortit des vêpres pour se rendre au presbytère. Il se vit bientôt provoqué et presque enserré dans les rangs de cette jeunesse excitée et turbulente. Le prêtre, qui était de haute stature et d'une dignité imposante, eut bientôt tout apaisé d'un geste. Mais le bruit du scandale qui venait de se produire se répandit aussitôt en grossissant et ne tarda pas à arriver jusqu'à Marie-Célestine. Dans le transport d'une sainte indignation, elle eût volontiers, comme les apôtres, appelé le feu du ciel sur les coupables. « Ah ! les misérables, s'écria-t-elle, les yeux en larmes, et Dieu ne les a pas exterminés!.. » Peu après, sa pieuse mère se rendit à l'église avec ses deux filles, afin de faire amende honorable et de prier. Pour donner raison au zèle de sa fille, en passant elle renversa du pied les bancs des danseuses comme les premiers chrétiens renversaient les idoles.

Mais c'était surtout contre elle-même que Marie-Célestine, excitée par les exemples des saints dont elle lisait ou entendait la vie à table et au foyer, exerçait son ardeur. Elle se sentait au cœur ce besoin de sacrifice qu'y apporte l'amour. Elle savait aussi que les austérités du corps sont les épines dont on entoure les lys pour préserver leur blancheur. Elle cherchait tous les moyens de se mortifier à un âge où les jeunes filles ne soupirent qu'après la jouissance. Sans parler des fatigues et des rudes travaux qui étaient l'austérité de son état, elle s'imposait mille petits sacrifices, surtout à table, dans le choix et l'usage des mets qui lui répugnaient davantage. Elle éprouvait une particulière horreur pour le fromage dont elle ne pouvait même supporter l'odeur. Semblable en cette répugnance à la Bienheureuse Marguerite-Marie, elle voulut, comme elle, épuiser tous les efforts pour se vaincre. Plus heureuse qu'elle, et ne trouvant sans doute pas dans son tempéramment les mêmes invincibles répulsions, elle finit par triompher de son dégoût et, à force d'user de ce mets abhorré, elle en vint à le trouver agréable et à en faire sa nourriture préférée. Plusieurs enfants plus jeunes qu'elle, qui avaient occasion de manger et de converser avec elle, témoins de cet esprit de pénitence et d'une si rare vertu, affirment qu'elles y puisèrent la première inspiration de se consacrer à Dieu.

Au milieu de ces généreux exercices, les jours de l'adolescence s'écoulèrent semblables aux jours de printemps où la sève circule avec activité et produit, chaque matin, aux regards ravis, des feuilles et des fleurs nouvelles. Marie-Célestine avait seize ans, elle atteignait cet âge où l'âme jeune et pure éprouve le besoin de se donner, et sent les tressaillements, les premiers battements d'ailes qui doivent l'emporter dans des espaces encore inconnus. Ces trésors d'intelligence, de cœur, de dévouement qui débordaient, elle n'en savait que faire et n'en prévoyait pas l'emploi. C'était décidé dès longtemps entre Dieu et elle, elle n'aurait point d'autre partage que Lui. Cette donation complète, elle l'avait renouvelée vingt fois depuis sa première communion, et elle sentait, par instinct, que les donations entre vifs, entre le Dieu vivant et l'âme vivifiée par son amour étaient irrévocables. Mais elle n'avait pas le secret de Dieu sur elle et ne savait pas où prendre son essor et diriger son vol. Elle n'avait jamais vu un habit Religieux, qui, en ce temps-là, était à peu près inconnu dans nos campagnes. Elle priait, elle travaillait, elle se mortifiait, et prête à se lever au premier mot, elle attendait l'appel de Dieu.

L'heure ne tarda pas à sonner. Chère prédestinée du Ciel, elle n'était pas au monde, que Dieu, qui l'avait aimée d'un amour éternel, lui préparait le doux nid où elle devait vivre et mourir, dans la congrégation de la Providence, récemment fondée à Ligny-le-Châtel.

Depuis la grande perturbation sociale qui avait tout dévasté, le diocèse de Sens voyait revenir dans son sein les débris des anciennes familles Religieuses, les Carmélites, les Ursulines, les Augustines, les filles de la Charité, mais il n'avait donné lui-même naissance à aucune de ces congrégations qui se fondaient dans toute la France pour venir en aide aux enfants et aux malades des campagnes. Or, aucune contrée n'avait, plus que la nôtre, besoin de ces humbles auxiliaires. Le long abandon des pratiques religieuses avait amené l'indifférence; l'éducation de famille n'existait plus. Presque aucun village ne possédait d'institutrices et les écoles mixtes confiées aux instituteurs n'offraient aux jeunes filles qu'une éducation morale et religieuse bien imparfaite. Les malades étaient sans doute secourus par cet échange de services qui s'établit entre les voisins et les amis, mais les soins n'étaient ni assez intelligents ni assez pieux pour soulager efficacement les âmes et les corps. Il était temps de venir au secours des générations nouvelles et il y avait là une lacune à combler. L'Eglise qui accourt au premier signe de la Providence, partout où se montre une détresse, ne pouvait manquer d'y pourvoir avec ces dévouements qu'elle fait jaillir des terres les plus stériles.

Dans une petite ville du diocèse, que dix lieues à peine séparaient de Saint-Aubin, à Ligny-le-Châtel, vivait une pieuse dame, Anne-Sophie Berrué, restée depuis 1806, veuve sans enfants de M. Bresson, docteur en médecine et maire de la ville. Elle vivait seule, dans la pratique de toutes les vertus, lorsqu'elle se sentit inspirée de donner à Dieu tout ce qu'elle possédait et de se consacrer elle-même au service des pauvres et des malades, en instituant dans sa demeure un modeste hôpital.

La future fondatrice était une femme éminente, d'une petite taille mais d'une grande âme, d'une foi vive, d'une parole douce, d'une volonté forte et capable de faire face à toutes les difficultés qui ne manquent jamais aux œuvres naissantes. Elle se distinguait surtout par un esprit pratique et très versé dans la connaissance et le maniement des âmes. Elle gouverna sa communauté jusqu'à l'âge de 90 ans, avec une prudence et une fermeté qui ne se démentirent jamais.

Elle apportait donc, avec sa fortune, une autre dotation qui la rendait éminemment apte à la fondation pour laquelle Dieu l'avait préparée.

Afin de la seconder dans cette œuvre difficile, surtout à son berceau, Dieu lui avait ménagé un homme de sa droite dans la personne de M. l'abbé Brigand qui, depuis quelques années, exerçait à Ligny les fonctions curiales au milieu de la vénération universelle. C'était un homme taillé en Hercule, à mine rébarbative qui semblait justifier son nom étrange, mais qui cachait sous cette rude écorce, une rare bonté et un zèle sans bornes. Dans ses allocutions de vêture ou de profession, il lui arriva de s'attendrir jusqu'à ne pouvoir continuer son discours, sa voix s'éteignait dans les larmes.

Monseigneur de Cosnac, archevêque de Sens, qui l'avait discerné comme un des hommes les plus capables de son diocèse, et qui l'aimait, n'hésita pas à l'appeler auprès de lui, pour être, dans la charge de vicaire général, son confident et son conseiller. Il resta jusqu'à la mort le supérieur de la communauté qui lui devait sa naissance et sa prospérité.

Ce fut au printemps de 1818 que le projet, longtemps muri, puis approuvé par les supérieurs, fut enfin mis à exécution. La fondatrice, accompagnée de Marie Tremblay, qui fut sa première compagne, alla en pèlerinage à Notre-Dame-du-Chêne pour mettre son œuvre sous la protection de la Sainte-Vierge. A son retour, elle va trouver un entrepreneur qui lui dit ne pouvoir commencer les travaux que le 16 juillet. Cette date frappe la fondatrice et lui semble inspirée par la Mère de Dieu. Le 16, à 4 heures du matin, un ouvrier, en creusant les fondations, découvre d'un coup de pioche, une statuette de Marie et s'écrie avec allégresse : « Tout ira bien, la Sainte-Vierge est pour nous. » Peu après, l'heureux doyen de Ligny bénissait la nouvelle maison-Dieu et la petite chapelle destinées à devenir le berceau d'une nombreuse congrégation.

Dans les entreprises de miséricorde, une âme ne lève jamais l'étendard du dévouement sans être suivie. Trois jeunes filles du pays, touchées de la grâce, offrirent spontanément leur concours. Après un an de noviciat, elles furent admises à prononcer leurs vœux entre les mains de M. Arvisenet, le pieux auteur du *Memoriale vitæ sacerdotalis*, vicaire-général du diocèse de Troyes dont Ligny faisait alors partie. Ces premiers vœux furent émis le 23 mars 1819, date à jamais mémorable pour les sœurs de la Providence.

M. Arvisenet était un saint prêtre, à grandes vues, qui comprenait les nécessités de son temps et qui ne reculait pas devant les vastes entreprises quand il y voyait le salut des âmes. Il montra les ruines faites par la révolution, la détresse religieuse des campagnes, les lacunes laissées dans l'éducation de la famille par l'absence de foi. Ses paroles furent pour les fondateurs un trait de lumière, ils y reconnurent la volonté de Dieu, et il fût décidé sur-le-champ que le plan primitif serait étendu et transformé et que l'œuvre naissante, sous le nom de congrégation des Sœurs de la Providence, aurait pour but essentiel, avec la visite et l'assistance des malades, l'instruction chrétienne des jeunes filles dans les campagnes.

Depuis 18 ans, l'œuvre fonctionnait et le grain de sénevé était devenu, comme toujours, un grand arbre où s'abritaient les oiseaux du ciel. Les demandes étaient nombreuses et réclamaient dans le personnel d'abondantes recrues qui devaient surtout être tirées des villages pour aller au secours des villages. La zélée fondatrice appelait donc de tous les horizons des aides, et elle en demandait à tous les vents du ciel. Informée par M. André qu'il y avait dans sa paroisse de jeunes âmes qui ne demandaient qu'à être cueillies, et que si elle faisait une apparition avec son habit Religieux, elle pouvait espérer une consolante cueillette, elle n'hésita pas à se rendre à Saint-Aubin, accompagnée d'une autre Religieuse. Leur entrée dans le village fit sensation, on sortait sur les portes pour les voir passer, et leur costume excitait une respectueuse et sympathique curiosité.

Le premier visage que nos visiteuses rencontrèrent en entrant au presbytère fut le visage gracieux et un peu ému de Marie-Célestine. Elle fut aussitôt députée dans le pays, comme l'ange de la bonne nouvelle, pour convoquer les aspirantes. Ce message providentiel fût comme une révélation qui lui ouvrait l'horizon jusque-là voilé et qui lui montrait sa voie. En revenant au presbytère, elle priait, et sa première parole à M. André fut l'offrande d'elle-même pour l'œuvre qui réclamait des ouvrières. « Moi aussi, lui dit-elle résolument, depuis longtemps, depuis toujours, je désire être religieuse.

— Vous ne m'en avez pas parlé, mon

enfant. — — Je n'osais pas. Je ne savais pas comment vous exprimer un attrait mystérieux dont je ne me rendais pas compte à moi-même. »

Ces simples paroles ne laissèrent aucun doute dans l'esprit clairvoyant du pasteur qui la connaissait depuis son enfance et qui savait les grâces privilégiées dont Dieu n'avait cessé de la combler. Mais, en directeur prudent, il lui répondit qu'un temps convenable lui serait laissé pour mûrir ses résolutions et pour éprouver si cette vocation improvisée venait vraiment de Dieu.

Il lui permit cependant de s'en souvrir à la supérieure, et il la présenta lui-même comme les prémices des autres brebis de son troupeau qu'il devait offrir à la communauté.

La Révérende Mère qui avait le tact fin et le coup d'œil supérieur pour discerner les esprits, comprit vite la valeur de la perle qui lui était offerte.

Après l'avoir interrogée longuement sur ses attraits, ses répugnances et les motifs qui la déterminaient à se consacrer à Dieu, elle fût étonnée de trouver tant de jugement et une si grande intelligence des choses divines dans une si jeune fille de la campagne. Elle fût donc accueillie comme un véritable don de Dieu et comme les arrhes précieuses des autres vocations qui ne manqueraient pas de la suivre.

Le soir de ce jour, quand Marie-Célestine alla répandre devant le saint tabernacle son âme pénétrée de reconnaissance, elle entendit son Bien-aimé lui dire tendrement au cœur : « Ecoute, ma fille, et considère, ce n'est pas toi qui m'as choisi, mais c'est moi qui t'ai choisie, je suis venu te chercher dans ton pays, te prendre par la main : prête l'oreille à ma voix, oublie ton peuple et la maison de ton père, et suis-moi. »

Lorsque Marie-Célestine rentra à la maison, elle parut singulièrement émue, mais elle n'éprouvait pas les angoisses qui assiègent la plupart des jeunes filles, au moment où, pour répondre à la volonté connue de Dieu, elles vont se jeter dans les bras de leur mère et lui révéler, au milieu de leurs larmes, le terrible secret. Elle n'eut pas à payer si cher le don de Dieu, et quand elle annonça à son père et à sa mère la grande nouvelle et sa résolution arrêtée, ils se regardèrent avec étonnement, le cœur gonflé d'un singulier mélange, de foi, de courage, de douleur et de bonheur.

Ces vrais chrétiens, sans se rendre bien compte de la profession Religieuse, comprenaient pourtant que c'était un état sublime, et que leur fille, en se consacrant à Dieu, deviendrait pour la famille un paratonnerre et un porte bonheur. Pour rien au monde, ils n'auraient voulu s'opposer aux grands desseins de Dieu sur une enfant qui ne leur avait jamais donné que de la joie et qui avait été l'ange de leur foyer. Le père seul fit des objections, il ne pouvait penser, sans déchirement, à se séparer d'une fille qui était tout pour lui, son orgueil, son espérance et son appui. La mère félicitait sa fille en cachant ses larmes et en refoulant la douleur d'une prochaine séparation.

Ils furent pleins d'émotion et de souvenirs, ces derniers jours passés par Marie-Célestine, au seuil de deux vies, entre la famille qu'elle allait quitter et la Religion où elle aspirait. La résolution irrévocable, impatiente parce qu'elle est généreuse, n'empêchait pas notre aspirante de compatir à la tristesse qu'elle voyait autour d'elle. Tandis qu'elle se fondait de reconnaissance et chantait d'avance dans son cœur l'*In exitu* de la délivrance, la pauvre mère préparait le trousseau de sa fille en laissant tomber sur ce cher travail ses larmes silencieuses. Enfin, le jour du départ arriva, et jamais heureuse fiancée n'alla, avec plus d'allégresse, disposer de son cœur et de sa vie. M. André voulut la conduire lui-même et présenter à la maison du sacrifice la plus pure brebis de son troupeau.

CHAPITRE III

Départ — Noviciat — Vêture — Profession

Ce fût le 15 octobre 1838, fête de sainte Thérèse, que Marie-Célestine quitta sa famille et fit son entrée au noviciat. Ceux-là seuls qui ont passé par ces angoisses savent ce qu'elles renferment de douleur et de consolation. L'illustre vierge du Carmel dont, ce jour-là, on célébrait la fête, avait éprouvé, 303 ans auparavant, les mêmes angoisses et de plus cruelles encore, lorsqu'à la porte du couvent d'Avila, elle se séparait de son frère, Antoine de Cépéda, qui seul était venu conduire sa sœur avant d'entrer lui-même chez les Dominicains. Si le dévouement à Jésus-Christ ne vieillit pas, la douleur qui accompagne ce sacrifice ne vieillit pas davantage et paraît toujours la même. Il faut entendre la généreuse Thérèse, exprimer elle-même, dans le récit de sa vie, la peine qu'elle éprouvait au-dedans, tandis qu'elle ne laissait voir au-dehors que la constance d'une âme maitresse d'elle-même : « Ah ! s'écrie-t-elle, ce souvenir est encore tout vivant dans ma pensée. En sortant de la maison de mon père, mon âme éprouva les douleurs d'une mystérieuse agonie, je ne crois pas que la dernière heure puisse me réserver des angoisses plus cruelles. Je sentis tous mes os qui allaient se détacher les uns des autres. L'amour de Dieu n'était pas encore assez fort, celui de mon père et de mes parents se réveillait plus tendre que jamais. Je luttais avec un suprême effort et si Dieu, en ce moment, ne m'eut tendu la main, c'en était fait, j'eusse succombé vaincue, mais il daigna relever mon courage, je triomphai de moi-même et j'exécutai mon dessein. »

Le matin du 15 octobre, Marie-Célestine quittait la maison paternelle, presque à la dérobée et sans faire ses adieux. Quoique son père eut donné un consentement sincère, il ajournait le départ et ne pouvait se décider à se séparer de sa fille. Pour éviter un scène trop pénible, elle dut s'éloigner en secret, sans que personne de sa famille l'accompagnât. Sa mère lui remit un léger bagage qu'elle emporta à la main, et elle partit à pied, avec une de ses amies. En voyant deux jeunes filles cheminer sur la route inconnue pour elle de Ligny-le-Châtel, qui donc, des indifférents à qui elles demandaient leur chemin, pouvait soupçonner le noble dévouement qui dirigeait leurs pas. Elles arrivèrent le soir à la porte du couvent accablées de fatigue, mais heureuses de ce bonheur que procure un grand but atteint.

De son côté, le pauvre père, en revenant le soir de son travail des champs, donnait à sa chère fugitive des larmes que personne ne saurait blâmer. Le cœur des humbles et des petits est fait comme le cœur des grands ; or, les grands hommes de nos jours, les Montalembert, les Louis Veuillot, les Riant, et tant d'autres qui, après avoir donné leur talent et leur vie à Dieu, lui donnèrent leurs filles, ont connu ces larmes. En revenant de faire à Dieu cette donation qui leur déchirait le cœur et les comblait de joie, ils ont laissé échapper de leur âme blessée des accents que les pauvres gens comme les parents de Marie-Célestine ne savaient exprimer, mais qui vibraient dans leurs entrailles.

« Quel est donc cet amant invisible, mort sur un gibet, il y a dix-huit siècles, qui attire ainsi à Lui la jeunesse et la beauté, qui apparaît aux âmes avec un éclat et un attrait auxquels elles ne peuvent résister, qui fond tout à coup sur elles et en fait sa proie, qui prend, toute vivante, la chair de notre chair et s'abreuve du plus pur de notre sang ?... Oui, chaque jour, des milliers de créatures aimées sortent des chaumières comme des châteaux, pour offrir à Dieu leur cœur, leur âme, leur corps virginal, leur tendresse et leur vie... C'est la fleur du genre humain encore chargée de la goutte de rosée, qui n'a réfléchi que le rayon du soleil levant et qu'aucune poussière terrestre n'a encore terni.

Un matin, une fille bien-aimée se lève et vient dire à son père et à sa mère : Adieu, tout est fini, je vais mourir ; à vous, à tous, je ne serai jamais ni épouse, ni mère; je ne suis plus qu'à Dieu. Rien ne la retient, la voilà qui apparaît déjà parée pour le sacrifice.

Elle marche à l'autel, où plutôt elle y court, comme un soldat à l'assaut, pour courber la tête sous ce voile qui sera un joug pour le reste de sa vie, et qui doit être aussi la couronne de son éternité... Un Dieu seul peut remporter de tels triomphes et mériter de tels abandons. Ce Jésus dont la divinité est tous les jours insultée, la prouve tous les jours par ces miracles de désintéressement et de courage qui s'appellent des vocations.... Des cœurs jeunes et innocents se donnent à Lui pour le récompenser du don qu'il nous a fait de lui-même, et le sacrifice qui les crucifie n'est que la réponse de l'amour humain à l'amour d'un Dieu qui s'est fait crucifier.

Dans toutes ces nobles fiancées du Christ, il apparaît quelque chose d'intrépide qui est au-dessus de leur sexe. C'est le propre de la vie Religieuse de transfigurer ainsi la nature humaine. Elle inspire à une jeune vierge je ne sais quoi de viril qui la dérobe aux faiblesses de la nature, qui en fait, au jour voulu, une héroïne, mais une héroïne tendre, douce, surgissant des abîmes de l'humilité, de l'obéissance et de l'amour pour atteindre tout ce qu'il y a de plus puissant dans le courage humain. » (1).

Lorsque Montalembert écrivait cette belle page, il fixait sans doute ses yeux baignés de larmes sur la fille chérie qu'il venait de donner au cloître. Mais ne dirait-on pas qu'il peignait du même coup de pinceau l'humble vierge de Saint-Aubin qui, le 15 octobre, quittait sa famille et son pays.

Marie-Célestine avait dix-sept ans, c'était le bel âge pour se donner, l'âge où l'âme, dans sa première fleur, n'a encore reçu aucune des poussières du monde. Elle était de taille petite et délicate, avec

(1) Montalembert. *Les Moines d'Occident.*

un éclat de candeur et de beauté, une distinction naturelle, que conservait la plus rare ingénuité. Son regard réflétait toute la bonté de son âme, et sur son visage régulier rayonnaient la santé et comme la splendeur d'un sang pur. Son arrivée apportait une grande joie au noviciat.

Elle n'oublia jamais qu'elle avait fait son entrée en Religion sous les auspices de sainte Thérèse, et elle voua à la séraphique amie de Jésus une confiance et une tendresse qui furent pour elle la source de grâces nombreuses. Elle s'adressait à elle dans ses détresses et lui demandait son ardent amour pour Jésus. Toujours elle voulut avoir l'image de la sainte au chevet de son lit et, chaque année, à l'anniversaire béni du 15 octobre, elle y attachait une fleur, symbole de sa reconnaissance et de sa filiale affection. Une sœur qui l'avait remarqué lui dit un jour : Chère mère, vous aimez donc bien sainte Thérèse ? « Oui, ma fille, lui répondit-elle, sainte Thérèse est ma mère, je suis entrée en Religion sous son égide, elle m'a toujours aidée et conseillée, je lui dois une reconnaissance qui durera autant que ma vie. »

Deux mois après son entrée au noviciat, le jour de Noël, Marie-Célestine changea son nom en celui de sœur Zoé, le seul qu'elle portera désormais dans les différentes fonctions qui rempliront sa carrière. Mais elle comprit que pour être une vraie Religieuse, il ne suffit pas de changer de nom, qu'il faut changer de mœurs et se dépouiller entièrement du vieil homme, pour revêtir l'homme nouveau qui est Jésus-Christ. L'œuvre était déjà bien commencée, et notre aspirante avait amassé dans son cœur des désirs de sainteté et des flots d'amour qui ne demandaient qu'à couler. L'espace à parcourir était immense, elle voyait s'ouvrir devant elle l'arène presque sans limites de la perfection religieuse : « Soyez parfaits comme votre Père céleste est parfait. »

Cette tâche magnifique, loin d'effrayer son courage, la faisait tressaillir d'allégresse, elle sentait bouillonner en elle ces ardeurs divines qui font les saints et qui l'emportaient d'instinct, à la prière, à l'humilité, à l'abnégation complète d'elle-même. Tout lui semblait facile et même délectable dans le milieu céleste où elle se trouvait transplantée, où tout lui parlait de Dieu et la portait à Dieu. Elle se croyait introduite dans le vestibule du Paradis et elle sentait, au plus profond de son être, ce qu'elle avait si souvent chanté « qu'un jour passé dans les parvis du Seigneur, vaut mieux qu'un siècle aux palais des mortels. »

On ne soupçonne pas dans le monde ce qu'est un noviciat composé d'un essaim d'âmes jeunes, innocentes, joyeuses, étrangères aux mauvaises passions qui troublent les hommes et qu'elles ont heureusement ignorées. Il n'y a là que des plantes choisies ; c'est le jardin de l'époux où sont cultivées les âmes élues qui devront porter au monde, la charité et le dévouement dont elles font provision pendant ces jours de solitude et de paix. C'est une académie de sainteté, comme disait saint François de

Sales, une école où l'on apprend à devenir pauvre, à mourir à soi-même, afin de vivre pour Dieu et pour autrui. Quelles charmantes journées que ces longues journées du noviciat qui paraissent si courtes tant elles sont bien distribuées, qui se succèdent sans variations et sans ennui. On se lève matin, on prie, on médite, on étudie ; aux travaux de l'esprit succèdent les travaux des mains. Des occupations de tout genre exercent d'une manière régulière et variée, toutes les puissances du cœur, de l'esprit et du corps. Les jolies voix, les jolies histoires, les gazouillements interminables, les frais éclats de rire, remplissent l'heure de la récréation, et la joie la plus franche se mêle à la plus sainte édification. Le mot d'ordre est la gaieté ; on raconte que sainte Thérèse, arrivant au milieu de ses filles recueillies et qui continuaient de garder un silence hors de mise en récréation, leur dit avec une humour capable de dérider les plus sérieuses : « Eh ! mes filles, qu'allons-nous devenir, si nous, qui sommes déjà bêtes par droit de nature, nous devenons encore bêtes par droit de grâce ! » Un joyeux éclat de rire accueillit cette saillie de la sainte et on n'oublia plus l'ordre d'être gaie.

La sœur Zoé se trouvait bien dans son élément, elle, si épanouie et si franchement joyeuse. Comme une terre vierge arrosée par des grâces plus abondantes, elle allait donner sa luxuriante végétation. Au souvenir de la *Vie des Saints* dont s'était nourrie son enfance, elle aurait voulu exercer sur elle-même leurs extraordinaires macérations. Dévorée par l'amour et par la soif d'immolation qu'il a coutume d'exciter, elle cherchait tous les moyens de se mortifier. A défaut d'instruments de pénitence dont elle n'était pas encore munie, comme elle le sera plus tard, elle se servait de cordes noueuses qu'elle rencontrait pour frapper son corps ou le serrer dans leurs dures étreintes. Elle avait besoin d'être arrêtée dans ses ardeurs pour la pénitence et dans les privations qu'elle s'imposait.

Un jour le bon Père fondateur voulant se rendre compte par lui-même du confortable de la communauté, se présente au réfectoire pendant le repas, après avoir fait le tour de la salle, il arrive à la table des postulantes et s'informe de leur appétit. La maîtresse des novices signale une coupable : « Voilà une enfant, dit-elle, qui vit sans manger. » Le supérieur gronda bien un peu la trop fervente novice qui se mit à rougir et murmura, en souriant, à l'oreille de ses voisines qu'elle craignait l'embonpoint.

La supérieure, la maîtresse et les compagnes de noviciat de sœur Zoé n'avaient qu'une voix pour redire son esprit de prière, son application à l'étude, sa simplicité, son exactitude à remplir les plus petits points de la règle qui lui semblait toujours trop douce. Elle importunait sa maîtresse pour obtenir des pratiques d'humilité et de mortification, telles que de manger à genoux au réfectoire ou de remplacer ses compagnes dans les emplois ennuyeux et répugnants dont personne ne se souciait. Elle recherchait les travaux les plus fatigants et on voyait son visage s'épanouir lorsqu'il lui était permis de laver la vaisselle, de préparer les lessives, de bêcher et d'arroser le jardin, de se livrer aux nettoyages les plus bas et les plus pénibles.

Cette austérité était le bois qui alimentait en elle le feu de l'amour. Plus tard, dans une heure de libre abandon, elle racontera les ardeurs qui la consumaient pendant ce beau temps de son noviciat : « Je n'étais encore que novice, disait-elle étant supérieure, et j'éprouvais l'immense désir d'aimer le bon Dieu ; un jour, mon cœur n'en pouvait plus, tant ce désir était vif. » Il me semblait que mon amour était grand, je n'avais pas mal de présomption, comme vous voyez, j'eus la hardiesse de demander à Notre-Seigneur qu'il me montrât combien je l'aimais. Je vis aussitôt une toute petite flamme sortir de mon cœur, et le bon Maître me dit : « Regarde, ma fille, voilà comment tu m'aimes ! » Ce n'était qu'une étincelle, il est vrai, mais combien j'étais contente d'avoir vu ce petit jet de flamme. »

La charité divine de sœur Zoé rejaillissait sur ses sœurs. Elle épiait toutes les occasions de leur rendre service, de les obliger par une prévenance ou un petit plaisir. Elle remarquait surtout celles qui étaient faibles et maladives, elle trouvait le moyen de les aider dans le travail commun et de les soulager dans leurs souffrances. Plusieurs des nouvelles venues redoutaient le froid, et elles se souviennent encore qu'éprouvées par la rigueur de la saison, la sœur Zoé s'ingéniait à les soulager et se montrait pour elles aussi tendre qu'une mère.

Tant de qualités avaient fait à la sœur Zoé une sorte d'auréole, et elle jouissait même parmi les anciennes d'une réputation qui attirait sur elle tous les regards. Lorsque les Religieuses des maisons de dépendance qui ne la connaissaient point encore, venaient à la communauté, elles épiaient le moment où le noviciat entrait en récréation pour découvrir cette admirable petite sœur dont le nom était dans toutes les bouches. La mère Thérèse qui vient de mourir plus qu'octogénaire et qui fut sa maîtresse, en avait gardé le fidèle souvenir, comme la plus aimable et la plus parfaite novice qu'elle eut jamais préparée à la profession religieuse. Parmi tant de jeunes âmes dont elle avait suivi, pendant sa longue carrière, la merveilleuse formation sous l'action de l'Esprit Saint, la sœur Zoé restait dans son souvenir comme l'idéal de la novice et comme la perle de sa couronne.

La sœur Zoé atteignait le milieu de sa dix-huitième année et de son noviciat et elle n'avait pas encore reçu le sacrement de confirmation qui fait le parfait chrétien. Les visites épiscopales étaient rares alors dans les campagnes, et puis il semble que la Providence, en lui différant la réception de ce sacrement unique dans la vie, voulait la disposer d'une manière plus prochaine et plus parfaite à la vêture et à la profession religieuse. Elle fut confirmée le 2 mai 1839, dans l'Eglise de Ligny, par Monseigneur de Cosnac, de sainte mémoire. Elle reçut l'Esprit saint avec une admirable ferveur et « ce doux hôte de l'âme » vint en elle pour préparer ses noces sacrées et orner la demeure où l'Epoux devait prendre ses délices.

Les heureux jours du noviciat s'écoulaient et devaient se terminer par la vêture et la profession qui en sont le but et le couronnement.

Le 8 septembre 1840, dix-neuvième anniversaire de sa naissance à la vie naturelle, la sœur Zoé naissait à la vie religieuse, elle se dépouillait des livrées du monde pour se revêtir du saint habit que les grands hommes des âges chrétiens voulaient prendre avant de mourir. Elle s'y disposa avec un redoublement d'amour facile à comprendre.

Les témoins de cet acte mémorable deviennent rares aujourd'hui, en quarante-cinq ans, la mort en a moissonné le plus grand nombre. Cependant, plusieurs gardent encore le souvenir de la fête du 8 septembre 1840 dans la chapelle de Ligny. La sœur Zoé, parmi ses compagnes, attirait les regards, comme la lumière appelle les yeux, et un témoin qui, après tant d'années, n'a pu oublier cette vision, raconte encore le saisissement qu'il éprouva en la voyant paraître revêtue d'une candeur et d'une expression toute céleste. Si j'avais voulu, dit-il, me représenter la sainte Vierge en personne, je n'en aurais pas cherché d'autre image.

Un an plus tard, à la même date bénie du 8 septembre, la sœur Zoé mettait le sceau à sa donation irrévocable en prononçant les vœux définitifs de Religion.

Après les cérémonies de vêture, le premier sacrifice de la nouvelle fiancée fut de quitter ce cher noviciat qu'on n'abandonne jamais sans l'arroser de ses larmes. Le temps de la paix, de la joie sans mélange et sans responsabilité était passé et elle allait commencer ces durs labeurs qui ne devaient se terminer que par la mort.

CHAPITRE IV

La sœur Zoé maîtresse de classe au pensionnat d'Auxerre — Incident: M. Moreau curé de Saint-Aubin, part avec le P. Muard pour fonder la Pierre-qui-Vire. — Désirs d'une vocation plus parfaite.

Dans l'automne de 1840, à la rentrée des classes, la sœur Zoé fut envoyée comme maîtresse au pensionnat d'Auxerre. Elle y passa douze ans qui ont compté pour le ciel et pour la terre, les douze plus belles années de sa vie, pleines de force et de sacrifice. Dieu seul sait le nombre de jeunes filles qu'elle y a préparées ou envoyées au ciel ; elle s'y livra à des travaux et à des austérités qui n'ont jamais été bien connus.

Dès son arrivée, elle se donna tout entière à ses nouvelles fonctions, et elle répandit sur ses enfants les trésors amassés au noviciat. Avec sa piété attrayante et les charmes extérieurs qui achevaient la beauté de son âme, elle eut bientôt gagné le cœur de ces petites filles qui semblaient ne plus pouvoir vivre sans elle. Plusieurs arrivaient dès le matin sans se donner le temps de déjeuner, pour assister à la prière faite par leur maîtresse avec un accent qui les touchait. La consigne était de prier les yeux baissés, mais cette consigne était presque toujours violée par ces enfants, pourtant dociles, dont les yeux fascinés se reportaient involontairement sur le visage qui les captivait.

Parmi ces élèves qui, toutes la chérissaient comme une mère et craignaient de lui causer la moindre peine, il se rencontrait des caractères difficiles, opiniâtres à la résistance et dont la tête ne valait pas le cœur. L'une d'elles venait-elle à désobéir et à refuser la pénitence infligée, la pieuse Sœur se mettait à genoux, les bras en croix et les yeux au ciel, elle demandait miséricorde pour la coupable. L'effet était subit, toute résistance était vaincue, et chacune s'empressait autour de la maîtresse qu'on avait ainsi affligée.

La sœur Zoé avait une aptitude remarquable pour enseigner, elle donnait ses leçons avec précision et clarté, et elle ne quittait pas une question que toutes les élèves ne l'eussent entièrement comprise. Outre ses classes, elle était encore chargée de surveiller les récréations, d'enseigner le catéchisme et de préparer les enfants à la première communion. C'est surtout dans ces dernières fonctions que son cœur s'épanchait en pieuses exhortations et gagnait les jeunes âmes dont la culture lui était confiée. C'est là aussi qu'elle apprit à vaincre l'impatience qui lui était naturelle, et elle y réussit avec tant de perfection que les enfants ne remarquèrent jamais en elle un signe de colère ou de mauvaise humeur. Là encore, elle se forma au maniement des esprits et des caractères les plus difficiles, et elle perfectionna cette rectitude de jugement et cette justesse de coup d'œil qui lui étaient naturelles et qui furent si remarquées pendant sa supériorité. Quoiqu'elle n'occupât au pensionnat qu'un poste secondaire, elle en était devenue l'âme par cet ensemble de qualités qui la rendaient aussi chère aux maîtresses qu'aux élèves.

Les jeunes filles, élevées avec cette religieuse et ferme bonté, n'oublièrent pas ces enseignements chrétiens et ces exemples de vertu. Rentrées dans leurs familles, et même plus tard établies dans le monde, elles se faisaient un bonheur de recourir aux conseils de leur seconde mère, de lui confier leurs joies et leurs peines, et de recevoir ses encouragements. Plusieurs, touchées de l'héroïque dévouement qu'elles avaient remarqué en elle, voulurent suivre ses traces et embrasser la perfection religieuse. Ces souvenirs pieux et ces témoignages d'une affection que le temps n'altéra point vinrent la trouver jusque dans sa charge de supérieure générale, et la suivirent jusque dans ses dernières années. Ils abondent, nous nous contenterons d'en citer deux qui émanent de personnes distinguées et qui résument tous les autres.

Voici ce qu'écrivait, après la mort de la Mère Zoé, une ses élèves, fidèle aux lointains souvenirs :

« J'ai été, pendant seize mois, externe au pensionnat des sœurs de la Providence d'Auxerre. Le premier jour de mon arrivée, je fus placée dans la classe de *tante* Zoé, petit nom que nous donnions alors à nos maitresses. Je ne me rappelle jamais sans émotion ces heureux temps. *Tante* Zoé, que nous chérissions toutes comme une mère, avait mille industries pour nous porter à Dieu et aux vertus de notre âge. Parmi les inventions de son zèle, je citerai les petites pratiques qu'elle nous donnait à l'approche des grandes fêtes. Chaque élève devait, à la fin du jour, déposer dans une petite boite, préparée à cet effet, les actes de vertu accomplis dans la journée. Ces actes étaient représentés par des perles, symboles des perles qui devaient un jour orner notre couronne du ciel. La veille de la fête, bonne *tante* Zoé nous conduisait à la chapelle, pour nous faire présenter notre offrande à l'enfant Jésus, si c'était au temps de Noël, à la sainte Vierge ou aux Saints, lorsque l'Église célébrait leur fête.

« Notre chère maîtresse n'était pas prodigue de caresses, ce qui n'empêchait pas que nous la chérissions, parce que nous nous en sentions tendrement aimées.

« Mes parents ont beaucoup voyagé, j'ai donc eu occasion, pour achever mon instruction, d'être confiée à plusieurs institutrices, mais jamais je n'ai retrouvé en aucune d'elles ce je ne sais quoi de divinement bon, qui m'avait ravi dans la sœur Zoé.

« A la maison, mes sœurs et moi, nous faisions revenir son souvenir dans toutes nos conversations et nous nous plaisions à écrire son nom sur les murs de nos appartements. Chaque soir, nous ne pouvions nous décider à quitter le couvent avant la nuit, tant nous nous trouvions bien auprès d'elle, son souvenir me reste comme l'idéal de la plus parfaite bonté, et la sainteté d'une vierge de Jésus-Christ. »

Une autre élève, qui était d'un âge plus avancé lorsque la sœur Zoé arriva au pensionnat, lui rend un témoignage non moins édifiant : « Il m'est bien doux de me reporter à des souvenirs lointains qui sont encore pour moi pleins de fraîcheur et de piété, et de me rappeler mes deux mères, Anastasie et Zoé, dont la maternelle tendresse a toujours gardé une partie de mon cœur.

« La sœur Zoé avait une grande vivacité de caractère, et pourtant je ne l'ai jamais vue témoigner la moindre impatience, malgré les mille contrariétés que lui occasionnaient les fillettes de sa classe qui étaient autant de petits tyrans. Par ce charme particulier qui émanait de sa personne, elle savait trouver le chemin des cœurs les plus indisciplinés.

« Pour moi, déjà grande jeune fille, je tenais fort à son approbation, et je cherchais toujours dans son regard clair et profond, son opinion sur ma conduite. Lorsque ses yeux restaient froids ou indifférents à mon endroit, j'en étais bouleversée jusqu'à ce qu'elle m'en eût fait connaître la cause.

« Douée d'une grande finesse d'observation, jointe à l'intelligence de tout ce qui était bon et beau comme elle, elle était seule à ignorer toutes les qualités dont Dieu avait orné sa belle âme, on se sentait meilleure quand on avait causé quelques instants avec elle, et toute disposée à aimer le Dieu qu'elle aimait tant. »

Ainsi, et les petites et les grandes élèves, et leurs parents et même les étrangers, subissaient le charme de sa vertu. On sortait sur les portes, on s'arrêtait dans les rues pour la voir passer, mais le plus souvent la modeste Religieuse ne s'en apercevait pas, ou bien, si elle le soupçonnait, elle se dérobait sous son voile, hâtait le pas et continuait son chemin en redoublant de recueillement.

Un peintre, frappé de l'air virginal qui rayonnait sur son visage, ne trouva pas de plus beau modèle pour représenter la sainte Vierge sur une bannière.

Ceux qui conversaient avec elle étaient tellement touchés du reflet de candeur qui l'enveloppait que souvent ils se retiraient en murmurant tout bas : « Quelle belle âme doit habiter ce corps angélique ? » D'autres, moins délicats, s'étant permis de laisser échapper, devant elle, cette vulgaire ineptie : « Quel dommage qu'une si charmante personne se soit fait religieuse ! » « Ah ! répliqua-t-elle gaiement, il ne faudrait donc donner à Dieu que ce qu'il y a de plus laid ! »

Ce prestige extérieur venait des profondeurs de son âme constamment unie à Dieu par le sacrifice et l'amour. Elle ne rêvait que croix, mépris, austérités, et sa supérieure, entrant dans ses vues, ne négligeait aucune occasion de la mortifier.

Cette supérieure, dont nous aimons à prononcer le nom déjà bien oublié, était la Mère Sophie, qui avait commencé l'établissement d'Auxerre et le dirigeait avec une rare habileté. Femme capable et très laborieuse, Religieuse d'une stricte régularité, elle était aussi austère pour elle-même que rigide pour les autres. Elle seconda merveilleusement les attraits da sa fervente disciple, et quelques mois avant de mourir, elle confessait, mais sans repentir, l'extrême sévérité dont elle avait usé envers la sœur Zoé : « Je ne pouvais, disait-elle, la rassasier de mortifications, elle me demandait sans cesse de l'humilier, de la mépriser, de l'accabler. Elle était tellement altérée de la soif de souffrir que je l'entendais me répéter à satiété : Ma mère, je vous en prie, demandez pour moi des croix, des tribulations, des afflictions de toutes sortes. Je me meurs du désir d'être crucifiée avec Notre-Seigneur, il n'y a que cela qui puisse me contenter et apaiser mon tourment. — Feignant alors de ne pas trop croire à la solidité de ses dispositions, je lui répondais froidement : cela viendra, ma sœur, plutôt peut-être que vous ne voudrez, tenez-vous prête, en attendant. Hélas ! la chère enfant, elle était loin de s'attendre à cette lourde croix de la supériorité que Dieu lui préparait. — J'ai été très sévère, je le reconnais, mais je me sentais sous la main une âme si bien trempée, qu'il eut été dommage de ne point entrer dans ses vues. Et c'est ainsi, ajoutait-elle, non sans une légère pointe d'amour-propre satisfait, qu'avec mon apparente dureté, je vous ai fait une supérieure générale. »

Les labeurs et les sacrifices prédits, la sœur Zoé n'attendait pas qu'ils vinssent à elle, elle allait au-devant d'eux, et les entassait les uns sur les autres avec une si énergique générosité, que le fardeau semblait dépasser les forces de la nature. Elle faisait la classe tout le jour, elle passait les nuits à soigner les malades ; dès le matin, elle rentrait pour surveiller le lever des pensionnaires, s'occuper des détails de leur vestiaire, puis, l'heure venue, elle reprenait sa classe avec autant d'entrain que si elle eût reposé toute la nuit. Elle trouvait encore avec cela le temps de compléter ses études, si ce n'était pendant le jour, au moins pendant la nuit. Elle utilisait ainsi par l'étude entremêlée de prières, les nuits passées auprès des malades. Le soir, en allant les veiller, elle emportait ses livres et c'est à leur chevet qu'elle se prépara à son brevet supérieur, obtenu vers ce temps-là, avec le plus brillant succès.

Elle fût envoyée pour ses examens devant la commission de Troyes ; un des examinateurs, en racontant le résultat de la session, disait avec admiration : « Jamais, depuis que je fais partie de la commission, je n'ai trouvé une jeune personne plus forte sur l'enseignement en général, et en particulier sur l'enseignement religieux. Je lui ait fait expliquer le *Credo,* et le plus savant théologien ne l'aurait pas mieux exposé. »

Un autre témoin, devenu plus tard inspecteur, et qui ne savait pas à quel prix cet examen avait été préparé, ne l'oublia jamais, et ce souvenir après quarante ans, l'amena au convoi de la Mère Zoé, dont était il resté le fervent admirateur.

Nous signalons, à dessein, ce succès dans les études, cette distinction d'intelli-

gence qui n'empêcheront pas l'humble
sœur de répéter à tout venant, qu'elle est
incapable, ignorante, et de choisir dans
toutes les maisons où elle devra enseigner, la dernière classe.

Pour se délasser de tant de travail, la
sœur Zoé n'avait que de courtes récréations, pendant lesquelles elle demandait
à frotter le parquet de la chapelle. C'était
disait-elle, son cher délassement; elle
n'avait pas d'autre moment dans son
accablante journée pour s'épancher au
pied du tabernacle; au moins pendant
cette heure bénie, elle pourrait donc,
tout en s'exerçant, répandre son cœur
devant le Bien-aimé.

Nous devons ajouter que dans ces
jours laborieux, Dieu avait sa part toujours respectée et fidèlement gardée.
Aucun exercice de piété n'était omis, et
la règle était rigoureusement observée.
L'union continuelle avec Dieu par l'esprit de prière et la Sainte Eucharistie
étaient comme deux sources qui arrosaient son âme et y entretenaient cette
floraison de charité que tous admiraient.

La sœur Zoé se montrait assidue même aux récréations, qu'elle regardait avec raison comme un point de règle, toutes les fois que ses devoirs de maîtresse de classe et de surveillante le lui permettaient. Un soir d'hiver, les Religieuses, réunies autour du foyer commun, devisaient joyeusement, la sœur Zoé, épuisée par les fatigues du jour et succombant invinciblement au sommeil tenait néanmoins à attendre l'heure régulière du coucher. Une de ses plus jeunes compagnes, gaie jusqu'à l'espièglerie, voulut l'aider à vaincre le sommeil par un moyen violent et jeta sur ses vêtements un charbon allumé. A cette chaude adjonction, la pauvre dormeuse ouvrit les jeux, et sans avoir le courage de bouger, et sans même chercher à arrêter ce commencement d'incendie, elle regardait brûler son tablier. On rit beaucoup de son impassibilité, et on l'engagea à se mettre, le plus tôt possible, à l'assurance contre l'incendie. D'autres fois, ses compagnes, témoins de sa patience inaltérable, essayaient de la pousser à bout par des taquineries répétées, des contradictions injustes, ou bien elles mettaient sa charité à l'épreuve par une affectation malicieuse à mal parler d'autrui, jamais elles ne parvinrent à amener sur son visage un signe d'humeur et sur ses lèvres une parole de blâme.

Le vénérable M. Bouttrait, aumônier de l'Hôtel-Dieu, était alors chargé de la direction spirituelle des sœurs de la Providence. Comme tout le monde, il avait été frappé de la vertu extraordinaire de la sœur Zoé, et il avait conçu pour elle une religieuse vénération. « Jamais, disait-il à la supérieure, je n'ai rencontré, dans mon long ministère, une âme plus pure, plus généreuse que votre petite sœur Zoé. Elle mérite certainement, par la sainteté de sa vie, de communier tous les jours. Permettez-lui cette communion quotidienne qui, sans doute, n'est due qu'aux parfaits et que je crois devoir lui accorder. » La supérieure, pour des raisons de prudence que nous n'avons pas à juger ici, refusa net. Lorsque le bruit de cet incident transpira dans la communauté, les sœurs furent unanimes à reconnaître que cette faveur eût été bien méritée.

Tandis que la sœur Zoé se consumait ainsi de labeurs et de ferveur, des événements imprévus qui se passèrent autour d'elle et dans son pays natal vinrent encore accroître sa soif d'immolation, et faillirent donner un nouveau cours à sa vie.

La sœur Zoé, en quittant Saint-Aubin, ne l'avait pas perdu de vue, elle n'en était éloignée que de cinq lieues, elle en recevait sans cesse des visites et des nouvelles, et elle y avait laissé des âmes trop chères pour les oublier. Elle savait que M. André, peu après lui avoir ouvert les portes du couvent, avait été appelé à un poste plus important, et avait été remplacé dans la direction de la paroisse, par un jeune prêtre digne de lui succéder et dont la sainteté éclatait à tous les yeux. Ce nouveau pasteur était M. Moreau qui devait, plus tard, coopérer avec le R. P. Muard, à la fondation du monastère Bénédictin de la Pierre-qui-Vire et en devenir un jour l'abbé mitré.

Dès son arrivée à Saint-Aubin, M. Moreau déploya un tel zèle et montra une si touchante charité, qu'ils lui valurent ce renom de sainteté dont le souvenir durera plus longtemps que les générations qui l'ont vu à l'œuvre. Il avait appris, en arrivant, la réputation de la sœur Zoé et il l'estimait comme l'ange tutélaire de la paroisse où elle était née. Il allait de temps en temps lui recommander ses entreprises de zèle, et il ne lui dissimulait pas ses aspirations à la vie religieuse. Il lui avait confié le dessein d'appeler à son aide un Père de l'abbaye de Pontigny, pour seconder ses efforts trop infructueux, et donner une mission à ce bon peuple plus indifférent qu'irréligieux. La sœur Zoé avait applaudi de tout son cœur à ce projet et elle en sollicitait le succès par ses prières, ses austérités, ses communions. Un jour, elle voit arriver de Saint-Aubin, à pied, le pasteur et son jeune missionnaire, ils venaient réclamer ses suffrages, ceux de ses enfants et de sa communauté en faveur de l'œuvre qui commençait. Cette visite leur fût comme un pélerinage, et ils en revinrent tout embaumés de ce qu'il avaient vu et entendu. Ils se mirent au travail avec une nouvelle ardeur et, non contents de parler à l'église, tous deux pleins de vigueur et d'allégresse, parcouraient les hameaux, prêchaient dans les maisons ou dans les granges transformées en chapelles et glanaient laborieusement les âmes disséminées dans ces pauvres habitations trop éloignées de l'église.

Au retour de ces courses apostoliques, on entendait le fervent pasteur, dévoré par un secret désir qui ne lui laissait pas de repos, s'écrier : « Ah! Seigneur, quand me délivrerez-vous ! quand briserez-vous les liens qui me tiennent captif au milieu du monde. Je n'ai qu'un désir, je le poursuivrai, c'est de demeurer dans la maison du Seigneur. »

Il se reprochait amèrement de n'avoir pas embrassé la vie religieuse, en quittant le séminaire, comme Dieu le lui inspirait. Sa vieille mère ne pouvait pas ignorer des aspirations que trahissaient les soupirs qui montaient de son cœur à ses lèvres. Souvent, après l'exercice religieux du soir, elle venait se mettre familièrement à genoux au foyer entre le missionnaire et son fils : « Je vois bien, lui disait-elle d'une voix tremblante d'émotion, c'est moi, c'est votre père et moi qui vous retenons... Ah! si je savais empêcher les desseins de Dieu sur vous, je vous prierais de ne pas écouter nos larmes et de partir. »

Cette douloureuse permission ne tarda à être acceptée. Le R. P. Muard remplissait déjà le diocèse de sa sainteté et de ses austérités. Pressé par la grâce, il abandonnait la maison de Pontigny, fondée par lui six ans auparavant, mais trop peu sévère pour ses goûts. Il partait à pied pour Rome avec le dessein avoué de revenir en France fonder une communauté d'une austérité extraordinaire pour faire contrepoids aux extraordinaires iniquités et sensualités de notre temps et de nos pays. Ce fut le coup de grâce pour M. Moreau, il ne put résister à l'appel de Dieu qui retentissait trop fortement dans son cœur, et déclara au R. P. Muard qu'il pouvait compter sur lui pour embrasser, comme son premier disciple, tel genre de vie qu'il lui plairait.

Après quelques mois passés à Subiaco et avec l'approbation reçue des lèvres même de Pie IX exilé, le R. P. Muard revint en France poser la première pierre du monastère projeté. Pendant que les murs matériels s'élevaient, le saint fondateur se retira à la Trappe d'Aiguebelles, pour y faire, avec ses premiers compagnons, l'apprentissage de la vie austère qu'ils voulaient embrasser. C'est pour les rejoindre dans cet asile provisoire que M. Moreau quittait, au printemps de 1849, sa paroisse et sa famille.

Ce départ était deux fois déchirant pour M. Moreau. Pasteur, il abandonnait une paroisse aimée ; fils, il voyait se dresser un obstacle encore plus douloureux. Il était fils unique, il avait avec lui son vieux père et sa vieille mère, qui, sans doute, avaient de l'aisance et pouvaient vivre sans lui, mais qui avaient tout laissé et leur pays et leur maison pour suivre cet enfant si cher à leur tendresse. Les courageux vieillards en firent une seconde fois le sacrifice, après lequel la mort n'était plus rien pour eux. Ils retournèrent seuls vieillir et mourir dans leur village. Dieu combla leurs dernières années de bénédictions. De temps en temps ils allaient voir leur fils à la Pierre-qui-Vire, et réchauffer leur vieillesse à ce foyer de vie divine. Ils revenaient contents à leur humble maison où ils moururent en prédestinés.

Ces scènes émouvantes de Saint-Aubin, la fondation héroïque de la Pierre-qui-Vire, et tout ce mouvement de sublimes sacrifices que la sœur Zoé sentait autour d'elle, avivaient puissamment au fond de son cœur ces instincts généreux d'immolation qui ne lui laissaient pas de repos. Combien le sort de ce jeune et vaillant athlète qui partait pour les grand combats du Seigneur lui faisait envie, à elle qui se mourait du désir de se sacrifier jusqu'au sang pour Jésus-Christ! Combien elle regrettait de n'avoir pas choisi une vie plus austère qu'elle aurait sans doute embrassée si elle l'eût d'abord rencontrée sur son chemin.

Lorsque le nouveau religieux fût arrivé à Aiguebelles, il écrivait de temps en temps à la sœur Zoé des lettres qui faisaient ses délices, parce que le fond en était toujours la pénitence. Il lui racontait avec enthousiasme le bonheur de sa nouvelle existence, la vie admirable que l'on menait à Aiguebelles, dans le chant de l'office, l'oraison, le perpétuel silence, les veilles, les jeunes et les travaux des mains.

Il ajouta un jour que, non loin de là, il y avait un ordre de Trappistines qui suivaient la même règle, se levaient la nuit pour chanter l'office, couchaient sur la dure, travaillaient des mains et gardaient un silence continuel. Etre ensevelie dans un éternel oubli, ne plus voir le monde, ne plus vivre que pour prier et souffrir, n'était-ce pas, à elle, son rêve de toujours? Dans la nouvelle qui lui était annoncée, n'y avait-il pas un dessein de Dieu, la révélation de ce qu'elle ambitionnait depuis son enfance? Pour la première et la dernière fois, la pensée de quitter sa famille religieuse, afin d'entrer dans un ordre plus parfait, vint rôder autour de son cœur, et un instant elle l'accueillit.

Elle adressa à son saint correspondant la demande formelle d'embrasser la vie austère des Trappistines.

La réponse se fit désirer de longs mois, et lorsqu'elle arriva, elle fut telle qu'on devait l'attendre d'un homme prudent et éclairé de l'esprit de Dieu. Il fit entendre que ces grands désirs de vocation plus parfaite, qui troublent la paix de l'âme et dégoûtent des devoirs présents, sont le plus souvent de pures illusions. Il ajoutait qu'à moins de circonstances extraordinaires, une religieuse, même sous le prétexte spécieux de plus haute perfection, ne doit jamais quitter la communauté où la Providence l'a conduite par la main et l'a gardée pendant des années. En principe, il est toujours permis de quitter un ordre moins parfait, pour entrer dans un plus parfait, en pratique, cela est rarement sage.

L'expérience apprit à la sœur Zoé que ces avis étaient dictés par la sagesse d'en haut, que jamais la Trappe ne lui eut offert plus d'occasions de se renoncer, de souffrir et de mériter qu'elle en trouva dans les postes difficiles où se consumèrent les trentes dernières années de sa vie. Jamais aussi elle n'eut accompli, à la Trappe, le bien immense, que Dieu, par son moyen, opéra chez les sœurs de la Providence.

Au milieu de ces émotions qui stimulaient encore son zèle, la sœur Zoé se dépensait tous les jours davantage et, avec une ardeur qui, ne connaissant ni trêve ni repos, compromit sa santé. Quand, à la fin de l'année scolaire 1850, elle se rendit à la Maison-mère, pour la retraite annuelle, la supérieure générale fut frappée de sa maigreur et de l'altération de ses traits. Elle fit appeler aussitôt la Mère Sophie et lui recommanda avec instance de modérer les fatigues et les austérités de sa fille, et de lui donner donner tous les soins que réclamait son état. C'était déjà trop tard, l'inflammation intérieure dont la sœur Zoé souffrait en silence depuis longtemps, avait pris un caractère chronique, que ces soins trop tardifs adoucirent, sans pouvoir la guérir entièrement.

Les années s'écoulaient et Dieu qui destinait la sœur Zoé aux plus hautes charges de la communauté, et devait l'y placer bientôt, voulut qu'auparavant elle passa par tous les emplois et les connut par expérience. Après avoir été envoyée, entre temps, à Etais, comme la plus capable médiatrice, pour y concilier les esprits et raffermir la maison ébranlée, elle fut chargée, au mois de novembre 1851, de fonder un établissement à Sauvigny-le-Bois, près Avallon, et d'y remplir la double fonction de supérieure et de maîtresse de classe.

Elle ne resta dans cette maison qu'un an, mais une année qui laissa des traces dans ses souvenirs. Elle aimait à raconter plus tard l'extrême pauvreté où elle se trouva pour commencer, et le bonheur qu'elle goûtait avec sa compagne dans ce dénument. Elles manquaient des choses les plus nécessaires, et elle dut écrire à la Maison-mère qu'on voulut bien lui envoyer un vieux drap pour faire deux chemises. « Pour une maitresse de maison, disait-elle en riant, et d'une maison dénuée de tout, je n'étais pas richement nantie, je n'avais que cinq francs dans ma poche. » Si les humbles sœurs étaient pauvres d'argent, elles étaient riches de Dieu, et rien ne manquait à leur bonheur.

La sœur Zoé terminait sa trente-et-unième année, c'était presque le milieu de sa vie. La première phase que nous venons de parcourir suffirait pour faire d'elle une élue glorieuse ; la seconde va commencer, plus difficile et plus méritante encore, et va achever sa couronne du ciel.

CHAPITRE V

La sœur Zoé maîtresse des novices — État de la communauté à son arrivée — Intervention admirable de la Providence — Le P. Cornat, aumônier — Le R. P. Boyer, supérieur ecclésiastique.

Le 2 octobre 1852, la sœur Zoé, mandée par ses supérieurs, vint à Sens, prendre la direction du noviciat. Elle le trouva prospère, il comptait trente jeunes filles animées des meilleures dispositions. Il n'en était pas de même du reste de la communauté où fermentait un levain secret de désunion.

La congrégation traversait ces années critiques qui marquent la transition de l'adolescence à la jeunesse. Elle comptait à peine trente ans d'existence et elle s'était développée avec une rapidité inespérée dans des pays aussi peu chrétiens que les nôtres. Mais peut-être avait-elle grandi plus par les branches que par les racines. Semblable à une adolescente qui devance son âge, et s'élance frêle comme la tige du lys, la jeune communauté éprouvait un malaise profond, au moment de cette formation définitive qui allait la mettre en possession de la plénitude de la vie. L'harmonie était troublée, sans que pourtant l'existence elle-même fût compromise. Plusieurs causes avaient contribué à cet ébranlement et tout semblait menacer à la fois.

La Maison-mère de Ligny-le-Châtel, berceau de la congrégation, avait été reconnue insuffisante et trop peu centrale. La ruche trop étroite pour contenir l'essaim toujours grossissant, venait d'être abandonnée, et l'essaim transféré à Sens le 15 octobre 1851. La nouvelle installation dans une ancienne abbaye Bénédictine du faubourg Saint-Antoine, appelée autrefois Notre-Dame-lez-Sens, était heureuse pour le choix, mais laissait beaucoup à désirer pour le logement.

Le vénérable fondateur ressentait les atteintes de la vieillesse ; le poids de l'âge et des infirmités, en entravant son action, diminuait son influence.

La fondatrice conservait sans doute dans sa verte vieillesse la vigueur de la maturité, mais elle comptait 78 ans, et elle n'avait plus le prestige et l'entrain de la jeunesse.

Les aumôniers capables et dévoués qui s'étaient succédés n'avaient peut-être pas montré une parfaite intelligence des exigences et de la conduite d'une communauté, le dernier surtout ne partageait pas assez les vues des fondateurs et avait semé la division en s'écartant trop de leur esprit.

Enfin, les règles et constitutions, encore provisoires et ébauchées, n'avaient pas reçu leur forme définitive.

Il résultait de toutes ces causes de faiblesse, un secret ébranlement ; des signes de désunion se montraient, comme les lézardes dans un édifice nouvellement construit qui achève de prendre son équilibre et son tassement. Plusieurs religieuses, faciles à l'illusion, étaient tentées de porter leurs regards vers des régions imaginaires, et déjà sept d'entre elles et plusieurs postulantes étaient allées chercher asile dans d'autres congrégations.

Il était temps que la Providence se montrât.

Elle se montra magnifiquement en donnant successivement à la communauté qui portait son nom, un aumônier, un supérieur ecclésiastique, une supérieure générale, qui furent comme le trépied de la vie Religieuse dans cette maison désormais affermie et florissante.

Le premier don de la Providence à ses filles, fut celui d'un directeur choisi entre mille. Le fondateur sentait le besoin d'un autre lui-même pour maintenir et fortifier dans l'esprit religieux qui lui était propre, la congrégation qu'il avait si heureusement établie. Mais où trouver un tel homme? Il se souvint qu'à Ligny même, il avait vu grandir sous ses yeux en même temps que sa communauté, un disciple exemplaire, M. l'abbé Cornat, qu'il aimait comme son fils et qui possédait toute sa confiance. Il lui demanda un grand sacrifice, l'abandon d'une belle et chrétienne paroisse, pour venir à Sens prendre la direction de ses Filles. Il eût été impossible, en cherchant dans tout le diocèse et au-delà, de faire un choix plus heureux, c'était un véritable cadeau de la Providence. Homme distingué sous tous les rapports, savant et pieux, grave et bon, austère et doux, versé dans le droit canon et la vie ascétique, il devait bientôt mettre le comble à ces qualités d'un parfait directeur, en embrassant lui-même, parmi les Pères de Saint-Edme de Pontigny, la vie religieuse qu'il saurait mieux encore, en la pratiquant, enseigner aux autres. Il avait toutes les aptitudes pour opérer chez les sœurs de la Providence les réformes et les améliorations que leur état présent réclamait.

Les constitutions avaient besoin d'être remaniées et de prendre une forme précise et canonique. Nul plus que lui n'était capable de ce travail, pour lequel il n'épargna ni temps, ni études, ni recherches. Enfin, après deux ans de labeurs, après s'être entouré des conseils les plus autorisés (1), il soumit les constitutions, habilement rédigées, au fondateur et à la fondatrice qui eurent la joie d'y retrouver leur véritable esprit, et la consolation de les voir mises en œuvre avant de mourir. Il les présenta ensuite à l'Ordinaire Monseigneur Mellon-Joly qui les revêtit de son approbation dans le cours de l'année 1855.

Après avoir reconstruit l'édifice spirituel, le P. Cornat mit la main, avec une égale habileté, à l'édifice matériel. Une vaste et belle propriété avait sans doute été acquise, mais il fallait agrandir les constructions et les adapter aux exigences d'une communauté Religieuse. Il fallait enfin couronner ces édifices par une magnifique chapelle, qui fût comme le joyau des épouses à leur époux divin. Malgré la pauvreté des sœurs lourdement endettées, malgré la menace des temps,

(1) RR. PP. Aubert, Muard, Ratisbonne et autres

le P. Cornat n'hésita pas. Le rédacteur des constitutions devint maçon, il ne cessa de manier le sable et les pierres au milieu des manœuvres, et sous son énergique impulsion, l'édifice s'éleva rapidement.

Les premières constructions sortaient à peine de terre que le vénéré fondateur vint à mourir. Il expira le 16 octobre 1857, à l'âge de 73 ans, de la mort des saints. Au commencement de cette même année, sentant les infirmités s'accroitre et l'impossibilité pour lui de s'occuper activement de la Congrégation, il avait demandé à Monseigneur l'archevêque de Sens de lui nommer un successeur pour continuer l'œuvre qui lui était si chère.

Ici encore, la Providence va se révéler et prouver à ses filles qu'elle ne sait pas faire les choses à demi. Elle ménagea au pieux fondateur un successeur digne de lui, peut-être plus capable que lui d'organiser et de compléter l'œuvre qui avait grandi d'elle-même, mais qui avait l'impérieux besoin de s'équilibrer et de s'asseoir.

Le R. P. Boyer, supérieur des missionnaires de Pontigny, homme judicieux et calme, administrateur habile et incliné aux détails, Religieux exemplaire et la régularité incarnée, fut nommé supérieur ecclésiastique.

Voici en quels termes Monseigneur l'archevêque de Sens adressait, comme étrennes, le 1ᵉʳ janvier, cette bonne nouvelle aux sœurs de la Providence :

« Nos très chères Filles,

« Votre Vénérable Père fondateur, par suite de ses infirmités, ne pouvant plus s'occuper activement du gouvernement de la congrégation, nous a fait soumettre un projet dont vous saisirez tous les avantages, et que nous ne voulons point tarder à mettre à exécution.

« Sur la demande unanime de M. Brigand, de la Révérende Mère générale, des sœurs de son conseil et de l'aumônier, à partir de la présente année 1857, nous confions la direction de la Congrégation des sœurs de la Providence aux Missionnaires de Pontigny, connus sous le nom de *Pères de Saint-Edme*. M.

Brigand demeurera supérieur honoraire, entouré jusqu'à son dernier soupir et de votre filiale reconnaissance ; le R. P. Boyer fera les fonctions actives de supérieur. Une succursale de la maison de Pontigny sera établie à Sens, et, pour que le noviciat de Saint-Antoine, dont l'état florissant vous est connu, n'éprouve aucune commotion et ne ressente que les bienfaits de cette mesure, M. l'abbé Cornat entre dans la société des Pères de Pontigny, tout en continuant de remplir la charge d'aumônier.

« En vous annonçant cette décision qui comble de joie vos dignes fondateurs par l'esprit vraiment religieux et l'unité de direction qu'elle assure à l'œuvre, nous croyons, Nos très chères Filles, vous donner une nouvelle preuve de notre sollicitude pour tout ce qui vous concerne et contribuer puissamment au développement et à l'affermissement de votre congrégation. Vous bénirez donc avec nous le Seigneur de cette heureuse inspiration, et vous nous donnerez la consolation de vous voir correspondre

7

fidèlement aux grâces qu'il vous pro- prodigue. »

Lorsque le P. Cornat lut en chaire cette lettre épiscopale avec le mémoire présenté par lui pour la provoquer, ses larmes ne cessèrent de couler et accompagnèrent jusqu'au bout cet incomparable témoignage de dévouement qu'il donnait à ses sœurs.

Tout était donc renouvelé, raffermi, dans le nouvel édifice, et la Congrégation de la Providence,, rajeunie comme l'aigle, allait reprendre son essor et occuper dignement sa place parmi les ferventes communautés du diocèse. Cependant, il restait une lacune à combler, le rouage principal à consolider d'abord et à remplacer ensuite. Il fallait, si nous osons le dire, à cette charpente refaite à neuf, la cheville ouvrière.

La vénérable fondatrice restait avec sa vigueur de volonté, sa lucidité de trente ans, avec l'expérience en plus et le respect acquis, mais tout cela ne lui ôtait pas le poids de ses 80 ans. Elle sentait l'autorité vaciller entre ses mains habituées à une domination indiscutée. Pour suppléer à ce qui lui échappait, il lui fallait une tête, un cœur, une main, assez puissants pour la seconder dans l'exercice du pouvoir, assez délicats pour se voiler, pour ne pas heurter ses idées, et pour respecter ses procédés autoritaires et ses années.

La Providence va continuer ses largesses et apporter le secours en temps opportun. Il y avait dans la communauté une perle cachée, qui se dérobait à tous les regards, mais que Dieu taillait en secret et sans bruit depuis quatorze ans, et qu'il montra à tous les yeux quand son jour fût venu. Dès qu'elle parut, traversée par tous les rayons de la grâce et brillant de ses mille feux, chacune l'admira comme une découverte que la plupart ne soupçonnaient pas.

Le supérieur et l'aumônier dirigeaient le spirituel en véritables hommes de Dieu, avec un dévouement qui ne comptait ni les démarches, ni les sacrifices, mais ils vivaient en dehors de la maison et n'y pouvaient faire que des apparitions plus ou moins fréquentes. Il fallait au centre même de la maison, le flambeau ardent et luisant pour éclairer toutes celles qui l'habiteraient ; il fallait au sein de la masse le levain qui la fit fermenter, il fallait le sel qui s'y mêlât et en fut le condiment sacré.

L'humble sœur Zoé fut tout cela ; découverte aux supérieurs par quelques compagnes de noviciat, par la supérieure et les maîtresses de classe du pensionnat d'Auxerre qui lui connaissaient une incomparable valeur, elle fut appelée, par la volonté de Dieu, à prendre, comme maîtresse des novices d'abord, puis comme assistante, enfin comme supérieure générale, la première place qu'elle ne devait plus quitter.

Lorsqu'elle fit son entrée dans la maison-mère, le 2 octobre 1852, elle s'y installait sans s'en douter et absolument malgré elle, comme le moteur et le ressort principal qui allaient pendant trente ans, donner le mouvement et la vie à toute sa famille religieuse. Placée malgré elle, elle resta malgré elle. Soumise périodiquement à la réélection triennale, elle se dérobait de toutes ses forces à un fardeau qui lui inspirait une sorte d'horreur et de terreur, elle fût constamment réélue presque à l'unanimité. L'idée ne vint à personne qu'on put se passer de son concours et, qu'elle vivante, il fût possible de la remplacer. La mort seule vint la décharger, et répandit sur sa famille un deuil qui dure encore, et qui honore autant celles qui pleurent que celle qui est pleurée.

La sœur Zoé, avant de se livrer à son emploi de maîtresse des novices, se mit d'abord en retraite pour méditer les devoirs de son nouvel état, et dans cette retraite elle donne tout de suite, la note héroïque de ce qu'elle va entreprendre pour sa sanctification et pour celle de ses novices. Entendons-la parler elle-même dans ces lignes tracées de sa main et qui sont l'expression affaiblie de son humilité et de son insatiable désir de se dépenser pour les âmes.

« Dieu fait bien ce qu'il fait ; dans tout ce qu'il fait, il a en vue sa gloire et le bien de ses élus. Je ne dois donc pas me décourager dans la charge qu'il m'a confiée.

« Il connait, ce Dieu bon, toute mon incapacité ; il sait que ma vie n'a été que péché et n'est qu'ingratitude, il voit ma tiédeur, il connait mon ignorance et le peu de dispositions que j'ai pour le bien, et cependant, il me confie ce qu'il a de plus cher, ses épouses. Soyez béni, mon Dieu, dans vos desseins ; vous m'avez prise préférablement à une autre, afin que votre puissance paraisse davantage. Vous ne pouviez pas mieux choisir pour ne prendre *rien*. Que je ne vous empêche pas, ô mon Dieu, de faire le bien que vous feriez si une autre était à ma place. Vous savez que je n'ai pas désiré cette charge, faites-moi la grâce de ne pas m'y attacher, et d'en sortir sans péché, aussitôt qu'il plaira à votre miséricorde.

« C'est dans la prière, auprès de Jésus, que je trouverai la vie, cette vie qui m'est si nécessaire pour moi et pour ces jeunes vierges. Jésus me confie ses épouses, il me donnera tout ce qu'il me faut. Un prince qui confierait son enfant à une nourrice pauvre, sachant qu'elle n'a rien, ne lui donnerait-il pas avec abondance tout ce qui serait utile et à son fils et à elle. Vous êtes meilleur que ce prince, ô Jésus, vous connaissez ma misère et les besoins de ces chères enfants.

« Je me représente Jésus comme la source de toutes les grâces, Marie est le réservoir, et moi, pauvre pécheresse, je suis le canal qui sera bientôt desséché, si je ne sais prier Jésus et Marie d'y amener des eaux abondantes.

« Jésus peut faire tout le bien sans moi, mais il veut se servir de moi pour l'aider, il me tend la main, en me disant de me joindre à Lui. Vas donc, mon âme, que crains-tu... »

Nous retrouvons ici la confiance et l'humilité que les saints apportaient dans leurs entreprises. Après avoir médité, devant Dieu, ses nouveaux devoirs et en avoir compris la haute portée, elle arrive à la pratique.

« Quelles sont les vertus d'une maitresse des novices ? Je dois les étudier et m'appliquer, avec l'aide de Dieu, à les acquérir et à les pratiquer.

« Avant tout, l'esprit de prière. — Il faut être uni à Dieu dans l'oraison, pour bien parler aux créatures.

« L'humilité. — Dieu donne sa grâce aux humbles, il résiste aux superbes.

« La prudence. — C'est une des vertus maitresses pour former et diriger les âmes.

« La fermeté. — Sans elle, tout s'énerve, elle doit être tempérée par la douceur, l'une ne va pas sans l'autre.

« Le bon exemple. — La parole édifie, l'exemple détruit. Il me faut aussi le zèle, la charité, le dévouement, pour toutes, sans acception de personnes.

« Je ne ferai de bien qu'autant que je serai unie à Dieu Notre-Seigneur, par le recueillement et l'oraison. Il me sera bon de continuer ma méditation pendant la sainte messe. Je ferai, dans la journée, plusieurs visites à Notre-Seigneur et, dans les difficultés, je demanderai à aller passer au moins une heure en oraison, devant le Saint-Sacrement. »

Ces généreuses résolutions furent mises en pratique avec une fidélité qui ne se démentit jamais. Aussi vit-on le noviciat reverdir sous cette rosée et reprendre une nouvelle ferveur sous cette ardente impulsion. Les postulantes qui ont eu le bonheur d'y demeurer pendant les dix-huit mois que la Mère Zoé le dirigea et d'êtres formées par elle à la vie religieuse, en ont gardé un impérissable souvenir. Elles s'accordent à redire sa bonté maternelle, ses conférences si intéressantes, si émues et si pratiques où l'on sentait respirer l'amour et l'esprit de Dieu.

Le sujet le plus ordinaire de ses conférences à des novices destinées à vivre dans l'obéissance et à être victimes avec Jésus-Christ, était : la charité mutuelle, l'abnégation l'amour du sauveur Jésus, l'indifférence et l'ingratitude dont les hommes paient ses innombrables bienfaits. Souvent en rappelant la tendresse d'un Dieu méconnu, son cœur se serrait et les larmes lui venaient aux yeux. Elle parlait alors des amabilités de Notre-Seigneur, avec de tels élans d'affection qu'elle communiquait à toutes le feu divin dont elle était embrasée.

Le Vendredi-saint 1853, le premier qu'elle passait avec ses novices, elle prit naturellement pour sujet, le mystère du jour. Elle représenta, à son pieux auditoire, les scènes de la Passion avec tant d'âme, de vérité et de douleur, qu'elle semblait éprouver elle-même le martyre du crucifiement. Toutes les filles soulevées par sa parole, haletantes d'émotion, pleuraient avec elle. Le temps passait si vite qu'un exercice sonna sans qu'on s'en aperçût. La communauté, réunie à la chapelle, attendait en vain le noviciat, il fallut que la supérieure elle-même, inquiète de cette absence, allât à la recherche de la maîtresse et de ses novices.

Une des vertus qui fut le plus remarquée dans la nouvelle Mère, et qui lui ouvrit tous les cœurs, était cette exquise bonté qui reluisait dans toute sa personne et ne s'arrêtait qu'aux extrêmes limites où elle serait devenue de la faiblesse. Appelée à gouverner les âmes, elle sentait déjà ce que l'avenir lui montra mieux encore « que tout dans la vie se mène par la douceur. On peut contraindre et forcer les créatures inanimées ou sans raison, mais le cœur humain ne se régit pas tant par puissance qu'il ne se ménage par art, se conduit par industrie et se gagne par douceur. » (1). « La réprimande est un fruit amer qu'on ne peut digérer qu'autant qu'il est confit dans la douceur (2). »

Ces principes de direction et de gouvernement si bien exprimés par deux grands docteurs de l'Eglise, furent la règle constante de la Mère Zoé dans ses différentes charges et le secret de ses succès. Parler avec bonté, et écouter de même étaient deux grâces qu'elle montra toujours ensemble et qui lui réussirent à merveille dans la formation de ses

---

(1) Bossuet.
(2) Saint François de Sales.

novices. Voici les pensées dont elle s'inspirait et qu'elle exprimait avec la délicatesse d'une Mère.

Une jeune fille sort de sa famille et de son village, avec toutes les allégresses du dévouement, mais aussi avec un cœur saignant de tous les liens qu'elle vient de briser à la fois. Elle est pure, elle est pieuse, elle est ouverte à tous les sentiments généreux ; elle vient de quitter son père, sa mère, ses frères, ses sœurs, la liberté de la famille et la liberté des champs, pour se placer sous la discipline de la règle et de l'obéissance religieuse. Lorsqu'elle arrive au noviciat toute palpitante de ces grands sacrifices, le visage encore humide des larmes et des baisers de sa mère selon la nature, c'est à sa mère, selon la grâce, de l'accueillir tendrement, de la dilater chaque jour par une parole gracieuse, par un sourire bienveillant qui lui dise : Mon enfant, vous n'êtes pas ici une étrangère, vous êtes une fille aimée, vous ne trouverez parmi nous que des Mères et des sœurs, et si vous n'êtes pas encore une fille accomplie, vous le deviendrez un jour. — Ces paroles, ce sourire, la pauvre enfant les cache dans son cœur, et le soir, après la prière, elle dit en s'endormant : « Merci, mon Dieu, merci, en me donnant une telle maîtresse, vous m'avez rendu plus que ma mère. »

Nous venons de peindre l'ineffable bonté de la Mère Zoé pour ses novices et toutes celles qui l'ont connue diront que ce tableau est encore au-dessous de la vérité. Voici un trait, entre mille, qui la peint sur le fait.

Un jour, en visitant la cuisine, elle aperçut de la tristesse et même des larmes sur le visage d'une postulante qui aidait dans cet emploi. Aussitôt, elle s'approche de la pauvre affligée, et lui dit en lui passant la main sur le front : « Mais, ma chère petite enfant, avez-vous donc oublié que vous avez ici une Mère. Vous avez des peines, n'est-ce pas, le cœur de votre mère doit les connaitre. Allons, mon enfant, séchez vos pleurs et aussitôt que vous serez libre, venez me trouver. » Inutile d'ajouter que par le dictame de telles paroles, le pauvre cœur affligé était guéri d'avance.

La Mère Zoé faisait le bien et pourtant elle s'inquiétait, elle se reprochait sans cesse son incapacité pour un emploi qui demandait des talents et des vertus qu'elle croyait ne point avoir. A la pensée que sur le noviciat repose l'avenir d'une communauté, sa conscience timorée s'effrayait, elle ne négligeait aucune occasion de montrer les motifs de ses craintes à des hommes doctes et expérimentés.

Le R. P. Aubert, de la compagnie de Jésus, était venu prêcher les retraites annuelles de 1852 et 1853, et il avait trouvé la communauté dans la crise qui la divisait. Il avait su, par de sages avis donnés avec calme et prudence, rétablir l'union des esprits. En partant, il laissa par écrit les conseils donnés de vive voix pour l'affermissement de la congrégation et pour la direction du noviciat. La Mère Zoé lui avait confié ses défiances d'elle-même et ses prétendues incapacités. Quelques mois après, elle lui écrivit pour lui rendre compte de son office, lui exposer de nouveau ses craintes et lui demander ses avis. Voici la réponse qu'il lui adressa : « J'ai reçu avec grande consolation vos bonnes nouvelles du noviciat, et je remercie Dieu avec vous, ma chère sœur, des bénédictions qu'il répand sur vous.

« Je n'ai jamais douté un instant que tout ne tournât à bien si on voulait suivre les règles si simples que je vous ai laissées entre les mains.

« Je trouve, ma bonne Mère, que vous vous découragez trop. L'humilité ne s'effraye pas de son incapacité, et ne se confie pas non plus en elle-même. Elle reçoit avec calme l'emploi qu'on lui donne, elle s'attache à le remplir de son mieux tant qu'on le lui laisse. Elle est toujours prête à l'abandonner entre les mains de ses supérieurs, sans demander pour cela à en être déchargée. Elle conserve la paix de l'âme au milieu des difficultés qui surgissent et elle rend gloire à Dieu de toutes choses. Le bon Dieu n'a besoin de personne et il se sert de tous... »

Tandis que la docile maîtresse des novices mettait en pratique ces leçons dictées par la sagesse d'en haut, Dieu, content de sa parfaite résignation et de son abandon filial, jugea bon de lui changer le fardeau d'épaule et, de lui confier une autre charge qui serait l'apprentissage de sa dernière croix.

CHAPITRE VI

La Mère Zoé assistante — La M. Martine la remplace comme maîtresse des novices La Mère Zoé visitatrice — Vente de la maison de Ligny, berceau de la Congrégation.

La Mère Zoé fût déchargée du noviciat qui lui était cher, mais qui effrayait tant son humilité, le 2 février 1854. Rien n'eût manqué à son bonheur, si elle fût rentrée dans l'ombre, et si à la place de cette lourde responsabilité, on ne lui en eût imposé une autre, plus pesante et plus difficile à porter.

Elle fût nommée assistante.

La vénérable fondatrice atteignait ses 80 ans. Elle conservait, nous l'avons dit, l'intelligence nette et la volonté ferme d'une supérieure habituée à gouverner, mais elle avait besoin d'un bras actif et dévoué pour servir sa tête et son cœur.

Cette autre elle-même, nécessaire pour la seconder dans l'administration d'une communauté qui croissait tous les jours, personne ne pouvait le méconnaitre, c'était la Mère Zoé; elle était là, amenée exprès par les plus aimables soins de la Providence.

Ce choix fut accueilli partout avec grande joie, excepté au noviciat où il apporta un deuil qui semblait inconsolable. Les postulantes pleuraient avec plus d'amertume que le jour où elles avaient quitté leur mère selon la nature. Leur maitresse, qui les chérissait, n'était pas insensible aux angoisses de cette séparation. Mais docile à la voix de Dieu, le cœur en haut et détaché de tout, elle s'empressa, pour couper court aux adieux trop émouvants, de mettre la solitude d'une retraite entre elle et les larmes de ses filles désolées.

Elle voulait pourtant, avant de les quitter, se donner la consolation de les remettre elle-même entre les mains de leur nouvelle maitresse, la Mère Martine, son amie la plus chère et qu'elle savait la plus capable de continuer son œuvre.

La Mère Martine avait alors 29 ans et venait d'être rappelée de l'Isle où elle était supérieure et où elle laissa des souvenirs qui durent encore. Le docte et pieux doyen de l'Isle, consulté par les supérieurs sur ses aptitudes, répondit : « C'est une religieuse exemplaire, d'une piété solide et éclairée, d'un jugement excellent, d'un dévouement sans bornes, d'une charité exquise pour tous. La seule chose à regretter est sa jeunesse, mais sa sagesse et sa prudence suppléeront à son âge. »

Elle était donc bien digne de succéder à la Mère Zoé dont elle devint la plus intime confidente et dont elle fût, plus tard, l'assistante jusqu'à sa mort. Dans cette dernière charge, que de peines elle a épargnées à sa supérieure? Elle eut voulu les prendre toutes sur elle, et porter seule le fardeau des petites et grandes misères qui se rencontrent parfois dans les maisons de dépendance. Quand elle voulait ramener à de meilleurs sentiments des sœurs qui semblaient s'en écarter : « Ah ! je vous en prie, leur disait-elle les larmes aux yeux, accordez-moi cela, pour ne point causer de peine à notre bonne Révérende Mère. »

Ces deux âmes sœurs étaient bien faites pour s'entendre, elles rendaient le même son et n'avaient qu'un accent comme elles n'avaient qu'un cœur et et une volonté. Elles rivalisaient de zèle pour faire connaitre et aimer Jésus-Christ. Associées pendant plus de vingt ans dans les mêmes labeurs et dans des offices qui se touchaient par tant de points, elles brillèrent comme deux astres jumeaux sur leur communauté et y versèrent la lumière et la vie divine.

Pénétrées, l'une et l'autre, de la plus filiale affection pour la vénérable fondatrice, elles furent, comme deux anges consolateurs, placées à sa droite et à sa gauche pour lui adoucir les épreuves des jours mauvais, les tristesses d'une vieillesse avancée, et recueillir pieusement son dernier soupir.

Elle furent tellement unies dans la vie, qu'elles parurent inséparables jusque dans la mort. Lorsque la Mère Martine mourut en odeur de sainteté, le 5 octobre 1875, la Mère Zoé, déjà souffrante, se sentit frappée au cœur. Elle estimait que tout le bien qui se faisait dans la communauté revenait à son assistante. « Dieu, disait-elle, me laisse seule sur la terre, et il prend une victime qui lui est plus agréable. Cette mort m'est une annonce que mes jours ne seront pas longs. Dieu avait uni nos âmes pour la pratique du bien, dans la vie d'immolation et de sacrifice. Que son souvenir me reste pour m'exciter au dévouement et à l'amour, jusqu'à l'arrivée de l'époux ! » Nous l'entendrons, dans sa dernière maladie, dire doucement en tournant ses regards vers le cimetière et vers le ciel : « La Mère Martine m'appelle. »

Ce nom aimé et vénéré, inséparable de celui de la Mère Zoé, devait trouver sa place ici, il mérite d'être écrit au livre d'or des sœurs de la Providence pour passer à leur postérité comme une héritage d'honneur et de bénédiction.

Lorsque la nouvelle assistante eut transmis ses novices à une telle héritière de son dévouement, tranquille sur leur sort, elle entra dans son emploi par la porte de la retraite. C'était dans ce cénacle, qu'à chaque élection elle allait retremper son âme, et demander à l'Esprit saint qu'il l'introduisit lui-même par la main dans ses fonctions, et devint son inspirateur et son guide.

Là, dans le silence, sous l'œil de Dieu, elle médite ses grands devoirs qui lui semblent si supérieurs à ses forces, et à chaque ascension dans les charges, elle s'impose une ascension dans la vertu. Etre décidément sainte, c'est son premier cri toujours ancien et toujours nouveau, mais qui prend un accent plus pressant et plus élevé : « Ah! ma sœur, disait-elle à une de ses parentes, Religieuse comme elle, en lui confiant les angoisses de sa charge, que notre état est parfait, malheur à nous si nous ne devenons pas des saintes! Pour moi, c'en est fait, je l'ai dit à Dieu, je veux absolument être une sainte, il le faut, à tout prix je le serai. Puis, sans s'arrêter à un vague bon vouloir et à des sentimentalités, elle trace d'une main ferme, pratique et sans exagération, les relations que, désormais, dans la marche du temps, elle veut entretenir avec Dieu.

« Le dimanche, je ferai tous mes exercices de piété pour remercier Dieu des grâces qu'il accorde à mes sœurs et aux âmes fidèles. Je le prierai de leur donner toutes celles dont je ne profite pas.

« Le lundi, j'offrirai mon travail et mes actes de religion pour les missionnaires. En hiver, je supporterai le froid, en été la chaleur, en esprit de pénitence, — Je ferai une visite à Saint-Joseph.

« Le mardi, j'offrirai mes œuvres pour le Pape et pour l'Eglise, je m'efforcerai de garder une parfaite égalité d'humeur, et une tranquille paix dans les contradictions et les épreuves, quelqu'elles soient.

« Le mercredi, je ferai la même

offrande pour le clergé, les ordres religieux, les besoins de notre congrégation. Je prendrai la discipline, je ferai une visite à Saint-Joseph.

« Le jeudi, pour réparer les outrages faits à Notre-Seigneur dans le très Saint-Sacrement de l'autel, je ferai dix mortifications des sens ; une visite à sainte Anne.

« Le vendredi, pour les agonisants je ferai le chemin de la croix, les genoux en terre — Visite à Notre-Dame-de-Pitié — Acte de contrition, étendue sur le pavé.

» Le samedi, pour la conservation de la pureté dans le cœur de la jeunesse, je porterai le bracelet pendant deux heures. — Je ferai six invocations à Marie-Immaculée. — En général je ferai neuf communions spirituelles par jour. »

En Avent, en Carême, et dans le jours d'épreuve pour la maison, ces pratiques de pénitence et de piété étaient doublées, sans préjudice des exercices communs, et surtout des devoirs d'état.

Or, les devoirs d'assistante étaient particulièrement difficiles et exigeaient, avec le regard habituel vers Dieu, une abnégation continuelle.

C'est alors que la Mère Zoé eut à exercer les solides vertus dont elle avait fait provision : cette humilité douce qui se plie aux exigences de la supérieure et des inférieures, ce tact, qui est la mesure en toutes choses, cette délicatesse patiente envers l'autorité dont elle ne devait paraître que l'ombre tandis qu'elle en était la réalité, cette sureté de jugement, cette droiture dirigée par la prudence, ce support aimable et silencieux des mécontentes toujours prêtes à faire retomber les ordres et les mesures qui les blessent, sur l'assistante, tandis qu'ils émanent des premiers supérieurs. On respecte le souverain, on accable les ministres. Loin de se dérober à ce rôle humiliant de souffre-douleur, elle le prenait pour elle sans paraître s'en apercevoir. On eût dit qu'elle était née pour ces délicates fonctions, où du premier coup, elle excella. Elle savait si bien concilier les esprits et les caractères les plus opposés, qu'on recourait à elle à l'envi, et que la communauté, naguère si divisée, devint une école de charité, d'obéissance et de respect.

Constamment elle s'effaçait devant sa supérieure que l'âge rendait plus ou moins susceptible, elle lui dérobait les mauvaises nouvelles, elle lui épargnait toutes les peines qu'elle gardait pour elle-même, afin de ne lui ménager que l'honneur et les consolations.

La vénération que chacune portait dans son cœur à la fondatrice si profondément respectable, ne se traduisait pas assez dans les rapports et les appellations extérieurs. On se contentait de la traiter comme une maman et de l'appeler affectueusement : notre Mère.

L'assistante, pénétrée de foi, qui voyait Dieu en elle, introduisit l'habitude de ne jamais la nommer que la *Révérende* Mère, et de l'entourer d'un religieux respect. La première, elle en donnait l'exemple, elle ne recevait ses ordres qu'à genoux comme ceux même de Dieu, et lorsqu'elle devait partir pour les visites aux maisons de dépendance, elle ne manquait pas de venir lui demander sa bénédiction. Ces démonstrations ne procédaient pas d'une urbanité obséquieuse, elles étaient l'expression d'une foi vive et d'un cœur vraiment filial.

Plus tard, devenue supérieure, elle garda les traditions de la fondatrice, les usages établis par elle, l'ordre et l'ameublement de sa chambre qu'elle appelait, même en l'habitant, *la chambre de notre Mère*. Elle aimait à rappeler sans cesse ses paroles et ses exemples, et elle se pénétra si bien de son esprit, qu'on remarqua, surtout dans les dernières années, qu'elle avait pris insensiblement jusqu'à son air, ses manières et sa démarche : Regardez donc notre Mère Zoé, se disaient les sœurs entre elles, ne dirait-on pas notre vénérable fondatrice ?

A la charge d'assistante est attachée une fonction de la plus haute importance et la plus délicate dans l'exécution : la visite des maisons de dépendance. Un inspecteur dans le monde, c'est l'espion qui va surprendre les délinquants, épier les faiblesses, faire du zèle intéressé, trouver en défaut, dénoncer à ses maîtres tous les manquements qu'il a surpris.

Une visitatrice dans la Religion, c'est une messagère de paix qui va rétablir la concorde, encourager la faiblesse, réformer les abus; c'est une mère qui va panser les plaies et essuyer les larmes; elle doit fortifier les chancelantes, et rallumer les foyers qui ne répandent plus autour d'eux assez de lumière et de chaleur.

Pour cet office, il faut un cœur large, tendre et fort, débordant de condescendance envers les faiblesses humaines. Qui donc plus que la Mère Zoé, avec le cœur que nous lui connaissons, était propre à ce ministère de zèle et de bonté? Elle était encore jeune, on la connaissait peu dans les résidences éloignées, et parfois elle était attendue avec anxiété par des esprits prévenus.

Mais à sa première apparition, toutes les défiances tombaient pour faire place à la plus cordiale confiance, elle apparaissait comme un ange du Seigneur qui n'apporte que des consolations sous son manteau. Ses visites étaient attendues comme des bienfaits et c'était vraiment fête, à son arrivée, pour les enfants comme pour les sœurs. Tous les visages rayonnaient, et après lui avoir dit le bonheur en commun, chacune voulait lui dire en particulier ses peines et ses besoins. Et quand le jour ne suffisait pas à ces confidences, à dénouer des difficultés, à relever des défaillances, à éclairer ou fortifier des vocations, elle y donnait la nuit, et elle ne s'en allait pas qu'elle n'eût rétabli partout l'union et la joie.

Ses avis rendaient meilleurs, mais c'étaient surtout ses exemples qui touchaient, elle ne faisait que de la morale en action. En arrivant dans une maison, trouvait-elle une sœur malade, elle s'établissait aussitôt son infirmière et la remplaçait dans son emploi. Dans une de ses visites, elle s'aperçut qu'une sœur n'était ni assez respectueuse, ni assez dévouée pour sa supérieure souffrante. Elle l'avertit d'abord avec bonté, l'engagea à vaincre sa répugnance, puis sans lui adresser aucun reproche, elle lui donna une leçon qui ne fut point oubliée. Elle se fit elle-même la servante de la malade, en lui préparant les tisanes, les cataplasmes, les bains de pieds, et en la comblant des soins les plus attentifs.

Dans une autre visite à une maison importante; à peine arrivée, elle assiste, comme d'ordinaire, à tous les exercices et au repas du soir. La récréation était commencée, et l'assistante très désirée ne paraissait pas. La supérieure, inquiète de son absence, se met à sa recherche, et la trouve à la cuisine, ceinte d'un tablier blanc, lavant la vaisselle. Elle ne put lui dissimuler sa contrariété de la surprendre à cette besogne; elle en reçut cette calme réponse : « J'aide à la bonne sœur cuisinière, afin de pouvoir lui parler en même temps, car elle n'aura peut-être pas d'autre moment pour m'entretenir. »

La récréation elle-même lui devenait, dans ses visites, un moyen de relever les courages et de corriger les défauts. Une jeune sœur raconte d'elle-même qu'ayant un faible pour railler et contredire, elle le confia à la bonne Mère et lui en demanda le remède. La sage assistante lui indiqua le moyen de se corriger et attendit la récréation pour voir le remède en action. « Quand les causeries étaient vivement engagées, dit la sœur, si elle me trouvait en défaut, un coup d'œil, un sourire m'avertissaient et elle achevait ce muet avis par une parole joyeuse qui me remettait à ma place, tranchait la discussion et ramenait l'union des esprits là où ne cessait pas l'union des cœurs. »

Croire que cette condescendance infatigable triomphait de toutes les résistances, ce serait ignorer la nature humaine. Il se rencontre, même dans les plus saintes institutions, des esprits mal équilibrés et peu judicieux, des caractères difficiles qui allient ces défauts de nature à une foi sincère. D'autres, après avoir pris avec allégresse le joug du Seigneur, plient en route sous le fardeau et le traînent avec lâcheté. Quand elle rencontrait une de ces âmes malheureuses, ou fermées ou battues que nulle bonté ne pouvait ouvrir, que nulle vertu ne pouvait relever, elle en faisait le siège avec ses prières prolongées bien avant dans la nuit, quelquefois, avec son sang versé dans les macérations, et ensuite, s'il le fallait, elle livrait le dernier assaut en se mettant à genoux devant la rebelle, et en la conjurant d'accorder à Notre-Seigneur ce qu'elle lui refusait à elle-même. Il était rare que les volontés les plus résistantes pussent tenir à ce spectacle, les larmes jaillissaient et la victoire restait à Dieu.

Il lui arriva, surtout dans ses premières visites, de rencontrer des sœurs qui ne la connaissant pas et ne voyant que sa jeunesse, se montrèrent peu disposées à recevoir ses avis et n'eurent pas tous les égards dus à sa charge. Loin de s'en attrister, elle remerciait Dieu dans son cœur et acceptait une situation qu'elle ne pouvait changer. S'il ne lui était pas donné de faire le bien qu'elle désirait, elle se contentait de prier, d'édifier par sa piété, et laissait après elle ce parfum de sainteté, plus efficace que tous les conseils, pour produire des vertus.

Ces visites aux maisons de dépendance se prolongeaient souvent pendant plusieurs mois et ne s'accomplissaient pas sans de grandes fatigues. La Mère Zoé y trouvait des souffrances particulières, elle ne pouvait supporter le mouvement des voitures, et elle était obligée de voyager à jeun pour échapper à des vomissements qui l'épuisaient. Quand les maisons de dépendance n'étaient pas séparées par de trop longues distances, elle faisait ordinairement le chemin à pied, en esprit de pénitence et de pauvreté.

Elle rentrait à la Maison-mère presque toujours souffrante et épuisée. Elle n'en laissait rien paraître, et, aussitôt arrivée, elle se remettait à la règle, reprenait son train de vie laborieuse et mortifiée, et on la voyait la première à tous les exercices.

Dès son retour, elle allait rendre compte de sa mission à la R. Mère, avec une fidélité adoucie par l'indulgence. Elle excusait les sœurs trouvées en défaut et savait disposer la bonne Mère en leur faveur. Elle évitait adroitement les détails pénibles qui n'auraient remédié à rien et auraient affligé la vénérable fondatrice que le moindre tourment empêchait de dormir.

Le noviciat lui était resté cher, quoiqu'elle n'en fut plus chargée, et au retour de ses visites, elle aimait à réunir les postulantes pour leur en raconter les incidents joyeux et les traits édifiants. Elle allait présider leur récréation les jours de fête, elle redevenait enfant avec elles, elle était d'une gaieté charmante et leur contait, avec un sel gaulois, des histoires à les faire rire jusqu'aux larmes.

D'autre fois, c'étaient de pieuses causeries sur les fêtes du temps qui rappelaient ses conférences de maîtresse des novices. Un jour, à l'approche de la Pentecôte, elle leur parla des merveilleuses opérations de l'Esprit-saint dans les âmes, avec tant d'onction que plusieurs prirent alors des résolutions et des pratiques qu'elles n'ont jamais abandonnées depuis.

Un autre jour, c'était le recueillement qu'elle peignait d'un mot : L'âme qui regarde Jésus et Jésus qui regarde l'âme — *Je l'avise et il m'avise.* » Elle exprimait si vivement ces regards qui se croisent attendris entre Jésus et ses épouses, qu'on croyait en voir le reflet sur son visage.

Chargée par ses fonctions de veiller à l'ordre, elle n'allait jamais prendre son repos sans avoir fait, la lampe à la main, la visite des dortoirs et des cellules. Elle avait un coup d'œil spécial pour la chambre de la maîtresse des novices que des postulantes attardées ou scrupuleuses assiégeaient souvent de leurs visites intempestives. En trouvait-elle quelqu'une que des tristesses ou des troubles de conscience tourmentaient, elle se chargeait elle-même de ramener le calme et les envoyait dormir en paix.

La fidèle assistante ne se contentait pas de seconder la supérieure dans le gouvernement, elle s'employait à tous les travaux manuels qui ont eu pour elle comme pour la plupart des saints depuis Nazareth, un attrait particulier. « Au temps de mon noviciat, disait-elle, il n'y avait pas encore de sœur converse à la communauté, autrement c'eût été bien ma place. » Ce mot rappelle le cri de Mme de Swetchine : « Ah! si dans le ciel il y avait des sœurs converses et que j'en fusse! »

Nous savons qu'elle eut préféré mille fois, à la place de supérieure, un emploi à la basse-cour et aux travaux du verger. Si elle ne put l'obtenir, au moins la vit-on toujours la première aux gros ouvrages, aux lessives, aux nettoyages. Elle aidait à la cuisine, lavait les chambres, badigeonnait les murs du grand réfectoire, avec un entrain et une bonne humeur qui faisaient plaisir à voir. Elle était heureuse aussi de donner son coup de main aux reposoirs, mais seulement en qualité de manœuvre, car disait-elle en riant, je ne suis pas artiste, tout ce que je fais est d'une affreuse laideur. Elle gardait ainsi les traditions de cette simplicité qui est le caractère propre des sœurs de la Providence, et montrait son aversion pour les précieuses ridicules qui avaient le travers de vouloir faire les dames.

En outre, elle cumulait les charges, rédigeait les annales de la Congrégation et, à ses fonctions d'assistante, elle joignit, pendant trois ans, celles d'économe.

C'était encore à elle qu'étaient dévolues de droit, comme remplaçante de la supérieure, les fondations d'établissements nouveaux. Elle en fonda trente-et-un au nom de la Mère générale, et Dieu sait au milieu de quelles tribulations. Lorsque le nombre des sœurs destinées à la nouvelle maison était incomplet ou que les commencements étaient difficiles, elle restait pendant six mois, parfois même une année entière, pour tenir une classe, et elle choisissait toujours la dernière; elle se réservait de même dans la tenue de la maison ce qu'il y avait de plus humble et de plus laborieux.

Toutefois, il y eut pour son cœur quelque chose de plus pénible que de fonder, ce fut de détruire ; et Dieu lui réservait la douloureuse mission de détruire la maison-mère de Ligny, premier berceau de la Congrégation. Il y avait plus d'un an que la communauté était installée dans la belle propriété de Saint-Antoine, et la vénérable fondatrice, depuis quelques mois seulement, la dernière, le plus tardivement possible et avec des regrets faciles à comprendre, venait d'abandonner le double foyer de sa famille naturelle et de sa famille Religieuse. Elle n'avait consenti qu'à la dernière extrémité et la mort au cœur, à la vente de cette chère maison que la communauté, obérée par l'acquisition de Saint-Antoine, se voyait obligée de consommer. On ne pouvait demander à la vénérable fondatrice d'assister à l'exécution d'un acte que l'extrême pénurie seule pouvait expliquer et qui, depuis, fut toujours regretté.

L'assistante fut chargée des pénibles détails du déménagement et peu après de signer l'acte de vente.

Le vendredi 19 juin 1856, elle arriva à

Ligny, accompagnée d'une sœur et le soir elles firent, une dernière fois, le chemin de la croix en l'arrosant de leurs larmes, dans cette chère chapelle qu'il fallait dépouiller avant de la livrer au marteau des démolisseurs. Le lendemain, les tableaux de la voie douloureuse furent descendus et emportés, et les pauvres sœurs durent enlever de leurs propres mains, les ornements de ce sanctuaire qui avait été le témoin de tant de prières et le théâtre de tant de sacrifices. Quels souvenirs il rappelait à la Mère Zoé ! N'était-ce pas là qu'elle avait reçu le saint habit, là qu'elle avait prononcé ces premiers vœux de Religion si chers à son cœur.

Les trois jours suivants furent consacrés à ce navrant labeur et, le 24 juin, fête de saint Jean, la Mère Zoé et sa compagne assistaient aux offices dans l'église de la paroisse. Le matin, sans s'être concertées, elles offrirent leur communion pour remercier Dieu des grâces accordées aux sœurs qui avaient habité cette maison désormais abandonnée.

Elles allèrent ensuite au cimetière adresser le suprême adieu à leurs sœurs défuntes dont elles laissaient la dépouille mortelle dans cette terre bénite. En s'agenouillant sur ces fosses couvertes d'herbes, leurs pleurs coulèrent encore ; en priant pour elles, elles les invoquaient. Elles savaient que parmi celles qui dormaient là, plusieurs étaient mortes en odeur de sainteté, qu'elles pouvaient vénérer leurs restes comme des reliques et les invoquer comme des saintes.

Enfin, le soir, avant de partir, elles retournèrent à la maison, vide et démeublée, elles adressèrent un dernier salut à la vieille tourelle, ancien débris des fortifications dont la fondatrice avait fait, pendant quarante ans, sa demeure de choix. Elles entrèrent à la chapelle pour baiser encore une fois le pavé béni et la place qu'elles occupaient le jour de leur profession. Elles partirent ensuite les yeux humides et le cœur gros. Elles prirent la route d'un village voisin, Chéu, où se trouvait une résidence de leurs sœurs; elles cheminaient lentement et en silence, non sans se retourner plus d'une fois, pour jeter un regard au pays natal de leur vie Religieuse.

Ce n'était pourtant pas un dernier adieu, nous verrons, 27 ans plus tard, la Mère Zoé supérieure générale rentrer dans cette maison qui lui tenait tant au cœur. Elle nourrissait le projet de rachat dans le secret de son âme, et elle en demandait l'accomplissement à saint Joseph avec une ferveur qui méritait d'être exaucée : « O bon saint Joseph, s'écriait-elle en joignant les mains, si vous nous rendez Ligny, je ne sais ce que je vous donnerai — un cœur d'or!... Oh! non, ce ne serais pas assez... »

Son vœu fut exaucé, Dieu lui accorda, sept ans avant sa mort, la consolation d'assister en personne à la bénédiction nouvelle et à la reprise de possession du berceau de la Providence.

Restituée à l'intention première de la fondatrice, cette humble maison consacrée par tant de souvenirs, est devenue l'asile de quelques infirmes et de quelques vieillards, la chambre de la vieille tourelle en est devenue la chapelle, et sur la porte on peut lire la devise favorite de la vénérable fondatrice :

O père, votre Providence gouverne tout !

CHAPITRE VII

La Mère Zoé est nommée supérieure générale par l'ordinaire Monseigneur l'archevêque de Sens — La sœur Catherine — Mort de la R. M. fondatrice — Election régulière de la R. M. Zoé.

Dix ans s'étaient écoulés depuis le jour où la sœur Zoé avait été rappelée à la maison-mère pour y prendre la charge de maîtresse des novices et y continuer ensuite, comme assistante, la régénération commencée. Dix ans, c'est un grand espace dans la vie d'un homme et aussi dans la vie d'une congrégation adolescente.

Pendant ces fécondes années, le temps avait fait son œuvre, il avait semé la vie et la mort. Beaucoup des premières sœurs disparaissaient et étaient remplacées par de jeunes recrues qui offraient les plus belles espérances. Le vénérable fondateur n'était plus et la fondatrice, dépassant les bornes ordinaires de la vie, s'acheminait elle-même aux rivages de l'impuissance et de la mort : elle avait 88 ans.

Cependant, la Mère Zoé, destinée à recevoir leur double esprit et à le rajeunir dans les nouvelles venues de la famille, avait fait l'apprentissage du gouvernement Religieux qui ne ressemble point aux gouvernements du monde. Elle s'était imprégnée de l'esprit religieux en général, et de l'esprit particulier qui, ayant inspiré les fondateurs, devait animer la congrégation. Elle les avait vus à l'œuvre, elle avait travaillé avec eux, elle s'était revêtue de leur forme intérieure et extérieure. Assistante d'une supérieure de 88 ans, elle avait déjà fait, en réalité, l'office de supérieure, il ne lui en manquait que le nom, le prestige et la pleine autorité. Elle eût sans doute préféré en garder le travail et les amertumes, et en laisser à sa Mère l'honneur et la responsabilité. Mais tout eut souffert de cet état de choses déjà trop prolongé où la supérieure régnait et ne gouvernait pas.

La fondatrice le comprit et quoiqu'elle ne fut pas exempte des illusions trop communes à la vieillesse, et de cette horreur qu'éprouve la nature à se laisser enterrer avant d'être morte, elle fut la première à demander qu'on la déchargeât d'un fardeau désormais trop pesant à ses mains débiles. Sur sa demande formelle, Monseigneur l'archevêque de Sens l'autorisa à remettre le pouvoir entre les mains de son assistante.

Ce fût pour la Mère Zoé la plus grande peine de sa vie. Toutefois, comme elle ne voyait dans cette décision qu'un arrangement provisoire, elle l'accepta, mais non sans opposer une résistance presque désespérée, qu'elle se reprocha ensuite comme la faute la plus grave de cette année. — « Mon Dieu, que j'ai été ingrate envers vous cette année! J'ai résisté à votre volonté jusqu'à la malice. Mais pourquoi donc tant m'obstiner à ne pas remplir cette charge? Il y a là-dessous un fond d'orgueil et d'amour propre, un défaut de foi qui m'empêche de voir et la puissance et la grandeur de Dieu, prenant les instruments où il lui plaît. Lui seul est tout et je ne suis rien. A la vue de ma grande misère et de mon incapacité, je veux me réjouir de ce que Dieu seul est grand, et de ce qu'il veut bien m'éclairer sur ma bassesse. S'il veut se servir de moi, c'est précisément parce que je ne suis rien, sa puissance paraît davantage et une plus grande gloire lui revient. Ainsi donc, abandon à la volonté de Dieu, le laisser faire, le laisser m'élever et m'abaisser à son gré, et moi, disparaître pour que lui seul paraisse. »

« Mon Dieu, vous êtes mon *tout* et je suis votre petit *rien*, aidez-moi, donnez-moi cette bonté de cœur que vous aimez tant à voir dans les personnes chargées des autres. Plus que jamais je dois être bonne ; par caractère je ne possède pas cette charité douce et que rien ne lasse, mais je m'efforcerai de l'acquérir. »

Les jeunes filles et les Religieuses qui ont vécu pendant vingt-cinq ans sous la conduite ou dans l'intimité de la sœur

Zoé, aux différentes phases de sa vie, et qui n'ont trouvé en elle que la plus inaltérable patience, s'étonneront de ce langage et se demanderont où gisaient ces défauts, dont elle sent en elle la racine vivace et qu'elle prétend corriger. Mais en pénétrant dans le plus intime sanctuaire de cette belle âme, elles comprendront que chez elle, comme chez la plupart des saints, la constante douceur n'était pas un effet de tempéramment, mais le fruit d'une infatigable vertu.

Le nouveau pouvoir et la responsabilité qui l'accompagne fût, pour la Mère Zoé, comme ses charges précédentes, l'occasion d'un nouvel élan vers la perfection poursuivie et d'un nouveau plan de conduite pour y atteindre.

Dans la retraite qui suivit son élévation, elle se repait, comme toujours, du sentiment de son impuissance. Son néant est le point de départ, elle s'élance de plus bas pour arriver plus haut, et elle se redit à elle-même : « Plus l'instrument est vil et chétif, mieux parait l'habileté de l'ouvrier. A Lui, la gloire ! — J'entends

Notre-Seigneur me dire : Je connais ta faiblesse, je te porterai avec ton fardeau. — Qui dit supérieure, dit sainte, elle est placée entre Dieu et ses sœurs !.. — Il y aura dans cette charge des croix, des peines, des embarras de toute sorte, son côté avantageux c'est la souffrance et le dévouement, je m'y abandonne selon le bon plaisir de Dieu. Je dépose à ses pieds ma santé, mes forces, mes pauvretés, afin que le tout soit employé à son unique gloire, et au bien des âmes. »

Viennent ensuite les règles pratiques qui devront diriger sa conduite de supérieure et stimuler son amour.

« Une supérieure doit se sanctifier pour ses sœurs, et moi où en suis-je ?

« L'oraison est la vie de l'âme, elle éclaire, elle échauffe. Je veux m'appliquer davantage à l'amour de Notre-Seigneur, j'en ferai sans cesse des actes. J'emploierai la plus grande partie de mon oraison à produire des affections, j'en fais le vœu jusqu'à Noël.

« A la communion et dans mon examen, j'appliquerai surtout mon cœur, et si j'y manque, en sortant même de l'exercice, je ferai une pénitence. »

« Chaque matin, je ferai une lecture sur le divin amour et sur les devoirs de ma charge, j'en fais le vœu jusqu'à Pâques.

« Afin de dompter la chair par l'esprit, je ferai dix mortifications par jour. »

Il est remarquable que chacune de ses résolutions est sanctionnée par un vœu. Elle avouait, dans la confidence, que ces vœux lui avaient été d'un grand secours, et que loin de lui ôter la liberté d'esprit ils n'avaient fait que fortifier sa volonté. Les vœux sont pour les fortes âmes ce que les ailes puissantes sont pour les aigles, ils ne les chargent pas, ils les aident à s'envoler avec allégresse dans les hautes régions, à planer et à s'asseoir sur les faîtes sublimes. « Je suis né de la terre, mais je vis dans les cieux. » Le devoir a des pieds, il marche dans le chemin des préceptes, l'amour a des ailes, il s'envole. Elle reconnaissait que ces vœux excitaient sa ferveur : « J'en avais besoin, disait-elle, pour secouer ma torpeur et me soulever de terre. »

Elle signale, elle-même, les fruits de ces pieuses industries, et après les avoir employées pendant les deux premières années de sa supériorité, elle écrit, le 15 juillet 1864, quelques mois avant son élection définitive : « Je continue à m'appliquer à l'amour de Jésus, et je sens lui être ainsi très agréable. Dans mon oraison faite sous l'œil de Marie, j'ai éprouvé une très grande suavité. En m'entretenant avec le divin Maître, je lui ai demandé de mettre en moi ce qui pourrait le charmer, le retenir et le faire habiter dans mon âme. Il me répondit : Sois-moi soumise et abandonnée. Ce qui était accompagné d'un amour très fort. »

« Je sentis alors en moi la crainte de la peine et des sacrifices, mais ce sentiment fut passager. Je me trouvai bientôt remplie de confiance et d'abandon. »

Mais ces saintes joies n'étaient qu'un éclair dans la vie de la Mère Zoé, une oasis où elle retrouvait le Bien-aimé. Il lui restait au cœur une épine que rien ne pouvait arracher, et que le temps ne faisait qu'enfoncer davantage. Elle voyait les jours de la fondatrice décliner rapidement et elle demandait au ciel et à la terre, que le redoutable fardeau de la supériorité fût ôté de ses épaules. Elle s'adressait surtout, pour obtenir cette faveur, aux âmes qu'elle savait plus aimées de Dieu et plus puissantes sur son cœur.

Or, il y avait en ce moment à la communauté, une de ces saintes inconnues qui sauvent le monde, qui sont le palladium de la famille Religieuse, et qui mérite de trouver son souvenir ici. Elle s'appelait dans le monde Virginie et en Religion sœur Catherine. Entrée tard, à 25 ans, avec une santé débile, elle n'avait pu étudier. Nommée infirmière, elle était devenue très habile en pharmacie, mais elle possédait par dessus tout la science des saints, et l'Esprit divin avait été son principal professeur. Il n'est pas rare de rencontrer dans les communautés religieuses de ces âmes sans instruction que Dieu enseigne directement et qui deviennent des lumières ; nébuleuses que l'amour fait soleils ; fleurs du paradis, âmes admirables que la terre ne mérite pas de connaître.

La sœur Catherine entra au noviciat de Ligny le lendemain de Noël 1849, et dès lors sa vie fut plus angélique qu'humaine, ses mortifications étaient extraordinaires, son union avec Dieu continuelle. Dans ses oraisons et ses communions elle se perdait tellement en Dieu, qu'elle ne savait plus si elle avait un corps et si elle était encore sur la terre.

Les nuits, après un court sommeil, se passaient dans des transports d'amour, qu'elle trahissait malgré elle par ses soupirs. Chargée d'environner de soins les dernières années de la fondatrice, elle avait sa cellule entre la chambre de la vénérable mère dont elle devait surveiller les nuits laborieuses, et celle de la nouvelle supérieure, la Mère Zoé qui avait été sa maîtresse des novices, qui était restée sa confidente, et qui connaissait les grâces extraordinaires dont Dieu la comblait. Les deux dernières années de sa vie ne furent qu'une suite de souffrances et de faveurs divines toujours croissantes. La mort était sa plus délicieuse attente et on l'entendait répéter comme sainte Thérèse : Je me meurs de ne pas mourir. Enfin mûre pour le ciel, elle expira âgée de 38 ans, le premier vendredi d'août 1863. C'était la Sainte de la communauté, chacune voulut, avant son trépas, lui confier ses commissions pour le pays où elle allait. La Mère Zoé qui gémissait toujours sous le fardeau, la supplia de lui obtenir de Dieu d'en être délivrée. — J'ai imploré de ma sœur Catherine, disait-elle, la faveur d'être connue de mes supérieurs, afin qu'ils m'ôtent d'un emploi qui est au-dessus de mes forces. — Pour cela, non, me répondit-elle, je ne le demanderai pas, ce que Dieu a fait est bien fait. — Au moins, demandez que je ne sois pas lâche et négligente dans la charge qui m'est imposée. — Oh ! pour cela, je le ferai, car c'est nécessaire. » — La Mère Zoé avait établi la chère mourante, sa médiatrice et sa chargée d'affaires auprès de Dieu, et dans les grandes difficultés, ou lorsqu'elle voulait obtenir quelque guérison miraculeuse, c'était à elle qu'elle s'adressait.

Un an après cette sainte mort, qui avait remué toute la communauté, la Révérende Mère fondatrice allait rejoindre au ciel les nombreuses filles qu'elle y avait envoyées. Née en 1784, elle appartenait à deux siècles et semblait appartenir à deux mondes. Elle avait neuf ans lorsque les criminels factieux qui tenaient la France sous la pointe de leur poignard, assassinaient Louis XVI. L'empreinte de ce terrible événement était restée sur sa jeune imagination, et elle racontait toujours avec émotion, les larmes qu'il avait fait couler dans sa famille et dans la France. Veuve de bonne heure, elle s'était vouée corps et âme à la charité. Elle avait déployé un zèle infatigable pour étendre et consolider la famille religieuse fondée par son dévouement. Elle l'avait vue prospérer au-delà de toutes ses espérances et, avant de mourir, elle pouvait compter plus de 80 maisons de dépendance établies par ses soins. Consumée de travaux, presque centenaire, après 46 ans de vie religieuse, elle s'éteignait lentement. Depuis plusieurs semaines, elle avait voulu recevoir les derniers sacrements, lorsque, le 1ᵉʳ août, des syptômes plus alarmants, annoncèrent que le jour suprême approchait. On lui conduisit les novices de la dernière prise d'habit. En les voyant, sa figure prit une expression de ravissement; elle leva pour les bénir ses mains défaillantes et prononça ces paroles : « Mon Dieu, donnez à ces enfants le véritable esprit religieux, la simplicité de la colombe, l'esprit de bonté, de douceur, et surtout de charité les unes envers les autres. »

Le vendredi suivant, elle fit appeler la communauté entière et bénit toutes les sœurs présentes et absentes en disant : « Mon Dieu, bénissez mes chères filles! qu'elles vous adorent toutes en esprit et en vérité ; que jamais l'amour-propre et la lâcheté ne les dominent... »

« Je me présentai une des dernières à notre Révérende Mère, et réclamai une bénédiction spéciale, écrit la Mère Zoé, elle me l'accorda en murmurant à mon oreille quelques paroles terminées par ces mots : Demandez la persévérance finale. Le lendemain elle me dit en particulier : « Aimez la simplicité, la pauvreté, fuyez les grandeurs et les richesses. Aimez les pauvres. Servez Dieu pour lui-même... » C'était le résumé et le testament de sa vie, le manteau qu'elle laissait à l'Elisée de ses espérances. Précieux héritage qui sera fidèlement gardé.

La Mère Zoé avait le pouvoir en main depuis deux ans, mais elle ne le tenait pas du suffrage de ses sœurs, comme l'exige le droit. Elle gouvernait par la volonté expresse de l'Ordinaire qui avait cru devoir, pour de justes raisons, déroger aux règles canoniques. Cet état provisoire prenait fin par la mort de la fondatrice et les élections allaient se faire selon la règle. C'était le dernier espoir de l'humble supérieure qui attendait avec impatience le jour de la délivrance. Elle était seule à se faire illusion, elle fût élue presque à l'unanimité des voix. Un renom de sainteté incontestée, l'amour et la confiance qu'inspirait sa bonté, l'expérience et la science du gouvernement, la connaissance des personnes et des affaires, la désignaient à tous les suffrages. Aussi la joie fût-elle universelle, excepté pour la pauvre élue que ce choix plongea dans un inexprimable chagrin.

Le 2 septembre 1864, toutes les sœurs de la Congrégation, convoquées pour la retraite générale qui devait être prêchée par le P. Barbier, se réunirent à la chapelle, et on procéda à l'installation de la nouvelle élue. Après la lecture du procès-verbal, le R. P. supérieur, dans une brève allocution, parla en termes émus de la supérieure défunte et de celle que Dieu appelait à la remplacer. Il invita ensuite la R. M. Zoé à venir prononcer la profession de foi, indiquée par les saints canons. Accablée sous le poids de l'émotion et aussi de la souffrance, elle s'avança humblement, mais son extrême faiblesse ne lui permit pas de lire elle-même la formule de profession, et le R. P. supérieur dut la lire à sa place. Elle la suivit tout bas et ne prononça tout haut que les dernières phrases qui en étaient le résumé et la conclusion. Vint ensuite la cérémonie de l'obédience par les sœurs.

La règle défend à la nouvelle élue de faire entendre la moindre réclamation dans la chapelle où elle est nommée. La R. M. Zoé dut donc se soumettre aussitôt et en silence.

Mais, après la cérémonie, lorsque le R. P. supérieur eût réuni la communauté à la salle du chapitre pour donner ses avis, on vit tout à coup la désolée supérieure quitter sa place, se jeter aux pieds du R. Père, et lui dire d'une voix pleine de larmes qui émut profondément tous les cœurs : « Je vous en conjure, mon Révérend Père, pour le bien de nos sœurs, pour l'honneur de la Congrégation, ôtez-moi cette charge à laquelle je ne conviens pas. Au lieu de faire le bien, je nuirai aux âmes qui me seront confiées, et je serai cause de leur perte. Je vous en supplie, pour la gloire de Dieu, pour le salut de ces âmes qui lui sont si chères, déchargez-moi. »

Cette navrante prière reçut pour toute réponse la brève invitation : « Allez à votre place, ma fille. »

Toutes les sœurs, témoins de cette scène émouvante et qui en connaissaient la profonde sincérité, s'empressèrent, en sortant, autour de leur Mère affligée, l'environnèrent des protestations de leur plus filiale tendresse, et lui promirent de redoubler d'efforts et de fidélité pour lui rendre la charge légère et facile.

La pauvre supérieure, brisée de souffrances et d'émotion, dut quitter la maison-mère pendant la retraite, et aller en ville, chez ses sœurs garde-malades chercher un peu de calme et de repos. Elle reparut seulement pour la clôture, afin de prendre possession de sa dignité, et son apparition fût une fête. Une des sœurs lui rappela qu'on était au 8 septembre, anniversaire de sa naissance, et des plus beaux jours de sa vie : « Ah ! répondit-elle en sanglotant, vous pensez peut-être que celui-ci est aussi un de mes plus beaux jours. »

Le soir, elle inaugura cette prise de possession à la manière des saints, elle alla pendant le souper se prosterner au milieu du réfectoire, et prit son repas à genoux. Elle essayait de manger, mais, à la lettre, elle arrosait son pain de ses larmes, et mêlait ses pleurs à son breuvage.

Aux raisons de prétendue incapacité, qui jetaient l'alarme dans sa conscience, se joignait une autre cause plus plausible de désolation, c'était le déplorable état de sa santé. Vingt ans de travaux excessifs avaient usé ses forces. Elle s'était dépensée avec tant d'énergie, que son sang appauvri l'avait prédisposée à des congestions sérieuses, dont elle souffrit le reste de sa vie et dont elle mourut. Cette affection, dans ses fréquents retours, tantôt amenait des accès de fièvre qui anéantissaient la pauvre malade, tantôt, en diminuant la circulation, lui ôtait toute activité et entravait les ardeurs de son âme. Elle se reprochait alors son inertie, les soulagements qu'on la forçait de s'accorder, le repos qu'on lui imposait et le scandale qu'elle prétendait, par là, donner à la communauté. La Mère Martine, son assistante et la moitié d'elle-même, lui prodiguait bien tous ses soins, mais elle ne réussissait pas toujours à les faire accepter.

Elle laissait encore de temps en temps s'exhaler les plaintes sur son impuissance et sa misère. Toutefois, lorsqu'elle eut épuisé tous les moyens d'échapper au fardeau, comprenant qu'il lui était imposé par la volonté de Dieu, elle fit trêve aux plaintes et se jeta à corps perdu dans le surnaturel et le divin. Elle se remit à étudier les vies des grandes fondatrices d'ordre qu'on retrouvait habituellement sur sa table, avec celles plus récentes de Madame Duchesne et de Madame Barat. Elle s'appliquait à imiter leurs vertus, leur vie de foi et de prière. « — La vie de la foi par la prière... J'entends Jésus me dire : Fais mes affaires, je ferai les tiennes. — Veille sur ton cœur, sur tes actions, veille à l'observance de la règle. — Fais régner la paix et l'union. — Souffre et dévoue-toi. — Une supérieure humble et qui met sa confiance en Dieu, gouverne bien. »

« Je ne veux rien refuser à Notre-Seigneur de ce que je sais lui être agréable. Ne pouvant faire de grandes pénitences, à cause de ma mauvaise santé, j'entrerai dans l'esprit de mortification en acceptant généreusement toutes les peines qui résultent de mon emploi, et en me refusant toute satisfaction du cœur et des sens. »

Lorsqu'une journée avait été chargée de soucis ou qu'une mauvaise nouvelle arrivait, la pauvre supérieure recourait au cœur de son maître, pour protéger la paix de son propre cœur : « J'entends la voix du maître me dire : La perte de la paix intérieure vient de la préoccupation des choses extérieures. On t'annonce que la concorde est troublée dans une maison ; conserve le calme et, après m'avoir parlé dans la prière, tu parleras à tes filles pour leur rendre la charité et l'union. — Mais les changements et les déplacements ? — Prie, attends et demande conseil. — Mais les fautes et les scandales ? — Prie, expie et gémis.

Fidèle à ces résolutions, la bonne Mère accueillait toutes les peines sans les raconter à personne. Lui demandait-on des nouvelles de sa santé, elle répondait simplement : Je ne vais pas mal, et changeait la conversation. Lorsque les souffrances corporelles devenaient intolérables, elle avertissait l'infirmière et c'était tout. Souffrir en silence avec Dieu seul pour témoin, était sa chère pratique. Elle savait que les croix doivent être, comme les parfums, fermées à l'émeri, et que, racontées, elles perdent leur mérite, comme les arômes s'évaporent dès qu'on les ouvre.

Il nous reste maintenant à suivre la Révérende Mère dans ce chemin de croix de la supériorité, dont nous venons de voir la première station et dont la dernière sera, pour elle comme pour Jésus, le tombeau. Cet office redouté fût la grande croix, qu'elle dut accepter, après l'agonie de Gethsemani, en disant avec le Sauveur : Mon père, que ce calice passe loin de moi, cependant que votre volonté se fasse et non la mienne.

Elle reçut cette charge comme Notre-Seigneur reçut sa croix, elle y demeura attachée comme Notre-Seigneur sur la croix et avec les mêmes sentiments ; enfin, elle y mourut, victime consommée, comme Jésus sur la croix.

CHAPITRE VIII

La Révérende Mère Zoé, règle vivante — Sagesse administrative — Construction de l'Eglise de l'Immaculée-Conception dans le couvent de Saint-Antoine.

Le jour même où la R. M. Zoé était installée à son poste de supérieure générale, le 8 septembre 1854, elle entendait sonner le quarante-quatrième anniversaire de sa naissance, le vingt-quatrième de sa profession religieuse. Elle était au sommet de la vie.

Nous l'avons vue monter la première pente avec l'allégresse d'un amour infatigable, jetant, à chaque ascension nouvelle, un nouveau rayonnement.

Arrivée à ce faîte qu'on appelle le solstice de la vie, elle descendra la seconde pente, en perdant par degrés la vigueur

1

de son corps, mais sans rien perdre des ardeurs de son âme, et en croissant tous les jours dans la sainteté. Elle va d'abord, dans la plénitude de sa maturité, dominer les faiblesses du corps, dompter la souffrance, donner l'exemple en tout et répandre par une activité constante cette vie que la tête doit communiquer aux membres.

Puis, lorsque croîtront les infirmités, si elles dominent l'action, elles augmenteront le sacrifice, et alimenteront l'amour. La supérieure malade deviendra puissante parce qu'elle sera infirme : *Quum infirmor, tunc potens sum.* Il nous sera donné de la voir, pendant ses dernières années, malgré la maladie, rayonner dans la communauté comme un foyer ardent et elle continuera d'être, dans son immobilité forcée, la locomotive d'où partira tout le mouvement. Désormais, nous n'aurons à raconter ni changements de scène, ni évènements inattendus. Les jours succèderont aux jours, les années aux années, et nous la retrouverons dans la même cellule et le même office. Nous n'aurons qu'à montrer, sous divers aspects, ses différentes vertus que nous connaissons déjà, mais que la succession du temps et des faits nouveaux mettront dans une lumière nouvelle.

Nous commencerons par les deux traits saillants et les deux qualités maîtresses de son gouvernement. Ella a été la règle vivante de sa communauté et elle l'a administrée avec une sagesse qui émanait visiblement de l'esprit divin.

Elle a été la victime donnée tout entière à ses sœurs et tout entière immolée à Dieu, et on peut lui appliquer cette définition du père : « Chacun en a sa part et tous l'ont tout entier. »

Le premier devoir d'une supérieure est de se montrer un modèle accompli de régularité. Les hommes sont ainsi faits, que, même dans les gouvernements humains, ils se conduisent moins par la conscience et la raison, que par les exemples qui partent d'en haut.

Cette pente du cœur humain se retrouve partout avec des nuances, et si les inférieurs, qui toujours regardent en haut, y voient en permanence, à l'état héroïque, la régularité et le sacrifice, ils en sont touchés et ils emboitent le pas.

La R. Mère le comprenait bien, et ce qui l'avait particulièrement affligée, dans son élection, c'était, avec son indignité prétendue, la crainte que ses forces ne trahissent son courage, et que sa santé délabrée ne lui permit pas d'être toujours la première sur la brèche. Aussi la vit-on, fidèle au poste, la première levée, la dernière couchée, et dans le jour à la tête de tous les exercices. Jamais un dérangement ne l'empêcha de vaquer à ses pratiques de piété.

Le lever matin et le lever à l'heure sont le point culminant d'une bonne journée et surtout d'une journée religieuse, c'est la clé de voûte qui porte l'effort et soutient le poids du jour. Tous les matins sont solennels, le matin du jour, le matin de l'année, le matin de la vie, et ils décident de tout. Aussi les grands hommes et les grands saints, à moins d'infirmités, se levaient matin. La science et la vertu sont à ce prix. Une supérieure qui ne peut se lever à l'heure et présider à tous les exercices verra toujours la règle et les âmes souffrir.

La Mère Zoé le comprenait tellement que, malgré son état maladif, et jusqu'à ses dernières années, tant qu'elle put se tenir debout, elle était la première arrivée à l'oraison du matin. Elle devait souvent, pour cela, faire des efforts héroïques, et les sœurs des maisons de dépendance, qui venaient se retremper ou se reposer à la Maison-mère, étaient singulièrement édifiées de ce spectacle quotidien, auquel les sœurs résidentes étaient accoutumées. Elles étaient émues de la voir, chaque matin, à 5 heures, par les froids les plus rigoureux, enveloppée dans son petit châle noir et pouvant à peine marcher, arriver exactement à la salle des exercices. Des douleurs habituelles de tête lui enlevaient une grande partie du sommeil de la nuit, et le défaut de circulation raidissait ses pauvres membres engourdis. Pour donner le change et dissimuler sa souffrance, en entrant elle s'efforçait de prendre un air dégagé et de hâter le pas. Souvent la force lui manquait pour prononcer la prière.

Lorsqu'on l'avait vue, toute la journée, travailler, présider les exercices, malgré son accablement, on se persuadait que le soir au moins, épuisée par un jour trop long pour ses forces, elle devancerait le coucher de la communauté. Il n'en était rien : elle tenait à se trouver, à huit heures, à la réunion commune pour le travail manuel. Souvent à ces veillées, ses yeux se fermaient malgré elle, elle ne savait quelle position garder ; elle se levait alors, faisait quelques pas pour secouer le sommeil, et revenait prendre sa place et son travail.

Les exercices plus nombreux du dimanche, qui lui apportaient un surcroît de fatigue, les lettres pressées à écrire, ne lui paraissaient pas un motif suffisant pour se dispenser d'une instruction ou du moindre point de règle. C'est une pratique de la communauté d'assister à la grand-messe à jeun et d'y communier, elle tenait à le faire à la tête de ses sœurs. Elle devait, pour cela, s'imposer une telle violence, que parfois, à la fin de la messe, elle tombait en défaillance. Néanmoins elle ne céda pas, et il ne fallut rien moins qu'un ordre supérieur pour qu'elle s'en dispensât.

Les récréations lui devenaient aussi un exercice laborieux. Tantôt les sœurs se promenaient d'un pas trop rapide, tantôt elles se groupaient et devisaient ensemble debout et sans marcher. Or marcher vite et rester debout, lui faisaient battre le cœur et lui causaient un extrême malaise. Elle s'accommodait cependant à la marche de ses sœurs, s'arrêtait avec elles, souriait à une saillie, paraissait prendre un grand intérêt à la conversation et y mettait gracieusement son mot. Elle trouvait à cela deux bonheurs, le premier de donner l'exemple, le second de donner de la joie.

C'est la règle, dans les communautés, de faire chacun son petit ménage, et on se souvient de l'étonnement qu'éprouva un ennemi des Jésuites, le lendemain d'une interpellation à la chambre contre eux, en trouvant l'illustre Père de Ravignan, un balai à la main, et nettoyant sa cellule : « Voilà des hommes, s'écria-t-il émerveillé, dont nous ne triompherons pas ! » La Supérieure générale n'a jamais permis qu'on la servît tant qu'elle put se servir, et elle vaquait elle-même à l'arrangement de son ménage et de sa cellule. Dans les dernières années, on dût lui imposer une aide, car la faiblesse était devenue si grande, que le moindre effort suspendait la respiration et semblait arrêter la vie. On ne pouvait l'empêcher de mettre la main à l'œuvre ; si l'aide insistait et lui ôtait les instruments des mains, elle se dédommageait en allant balayer le cloître, ou bien la neige en hiver, pour préparer le chemin à ses sœurs.

Assidue aux exercices communs, elle ne permettait pas qu'aucune Religieuse y manquât, même pour lui rendre service dans ses maladies, et elle réprimandait fortement celles qu'elle trouvait en défaut. La veille de sa mort, plusieurs sœurs l'entouraient de leurs soins, lorsqu'elle entendit sonner le salut de la

Présentation. Elle leur dit d'une voix mourante : « Allez recevoir la bénédiction du Saint-Sacrement, et qu'une seule reste près de moi, en cas d'accident. »

Le parloir était pour elle un petit purgatoire, qui la tirait du paradis de son recueillement, elle s'y rendait néanmoins avec exactitude et de la meilleure grâce, pour acquitter un devoir de politesse, pour édifier et consoler. Souvent des visiteuses importunes la fatiguaient de leurs redites et la tenaient debout, dans cette position qui la faisait tant souffrir. Elle y restait souriante, dissimulant son malaise sous l'air du plus vif intérêt. Sa consolation était de penser que Dieu se cache sous l'habit des importuns comme sous celui des personnes les plus édifiantes.

Fidèle à cette urbanité, qui est déjà de la charité, elle rendait et recevait les visites les plus humbles, parfois aussi les plus distinguées, qui la mettaient en évidence. Celles-ci surtout lui arrachaient des plaintes : « Mon Dieu, quel supplice ! Désirer si vivement disparaître et être obligée à chaque instant de se mettre en évidence ! » Elle n'y perdait pourtant point son temps, car les visiteurs avaient coutume de dire qu'un quart d'heure d'entretien avec elle, les avait plus touchées que le plus beau discours ou la meilleure lecture.

L'habitude d'être la première à tous les exercices et aussi à tous les sacrifices, était tellement entrée dans sa vie, qu'elle y pensait le jour, en rêvait la nuit et en gardait l'image jusque dans son délire. Trois jours avant sa mort, dans un accès de fièvre, tout à coup, vers sept heures du matin, elle descend de son lit et se met à marcher avec vivacité. La sœur qui la gardait lui dit, très effrayée : « Mais, ma bonne Mère, où allez-vous donc ? — Je vais à mon devoir ; mon enfant, la révolution vient d'éclater, on veut nous faire mourir, je dois marcher la première à la tête de mes sœurs. »

Cette fidélité scrupuleuse à maintenir en elle-même et autour d'elle la discipline et le dévouement religieux, lui attira d'en haut de grandes lumières et une remarquable sagesse pour le gouvernement de sa congrégation.

On lui a reproché trop de lenteur dans la conduite des affaires et dans ses décisions, mais on est très disposé à l'amnistier, lorsqu'on se rappelle que c'est le reproche le plus ordinaire adressé à Dieu et à son Eglise. Dieu semble trop lent à intervenir dans sa propre cause et à frapper ses ennemis. L'Eglise Romaine parait trop lente à employer les grandes mesures, à donner ses décisions et à prononcer ses sentences. Les saints, à l'exemple de l'Eglise, attendent avec patience la lumière et l'heure de Dieu.

Telle fut la R. Mère Zoé ; après avoir consulté son conseil, elle consentait rarement à prendre une résolution immédiate. Défiante d'elle-même, elle pesait longuement les raisons qui lui étaient données, surtout quand elles se trouvaient contraires aux siennes : « La sagesse des supérieurs, disait-elle, ne consiste pas toujours à faire marcher vite les choses, elle consiste plus encore à patienter et à attendre le moment du bon Dieu. » Avant de se prononcer, elle voulait arriver à la certitude morale, que la décision prise n'entraverait pas les desseins de Dieu dans la sanctification des âmes. Elle se prémunissait contre l'esprit propre en faisant appel à la prière : « Prions, mes sœurs, avant de conclure, que Dieu décide lui-même ; car, pour moi, je ne vois pas trop comment sortir de cette difficulté. »

Elle allait aussitôt chercher quelque intermédiaire bien humble et bien aimée de Dieu pour appeler les lumières divines. Elle s'adressait à une bonne sœur converse, et lui demandait de réciter un chapelet pour une grâce pressante, ou bien elle abordait la première sœur âgée qu'elle rencontrait, et la priait d'aller passer quelques instants devant le Saint-Sacrement, pour recommander à Notre-Seigneur une affaire importante.

Lorsque la R. Mère revenait à son conseil, elle avait le visage épanoui et elle se prononçait sans hésitation en disant : « J'ai fait prier nos sœurs, et j'ai la confiance que Dieu m'a donné sa lumière. »

D'autres fois, elle différait sa réponse et renvoyait son conseil sans avoir pris aucun parti. L'expérience a prouvé plus d'une fois que cette lenteur était sagesse et avait été inspirée d'en haut, car une lettre arrivait, qui révélait des obstacles ou des inconvénients jusque-là inconnus.

Elle montrait surtout sa prudence et sa maternelle bonté, soit dans les placements, soit dans les changements de sujets, d'ordinaire si difficiles et si délicats. Elle savait qu'arracher une pauvre sœur de la maison où elle avait vieilli, qu'elle avait souvent cimentée de ses sueurs, c'était déraciner sa vie. Avant d'imposer un pareil sacrifice, elle l'avait fait cent fois dans son propre cœur. Elle avait prié longtemps, elle avait pratiqué de nombreuses mortifications, afin que le changement nécessaire s'accomplît sans trop de douleur et avec générosité.

Après avoir fait des blessures indispensables, la prudente Mère y versait l'huile à flots. Une Religieuse ainsi arrachée à la Maison de dépendance où elle laissait un emploi, une supérieure et des sœurs très aimées, dut passer plusieurs mois dans la Maison-mère où elle n'avait pas de fonctions, en attendant son nouveau placement. Elle errait dans l'ennui comme une âme en peine : « La bonne Mère, raconte-t-elle, prévenait mes désirs, mes besoins, m'entourait de tant de délicates attentions, et m'adressa des conseils si dévoués et si affectueux, que mon cœur fut guéri, et que je m'abandonnai à sa volonté pour faire tous les sacrifices qu'elle voudrait bien m'imposer. »

Une autre sœur, chez qui le sacrifice d'un départ se doublait des souffrances habituelles de l'âme, ne pouvait se consoler de quitter, après seize ans de résidence, une supérieure et des sœurs qu'elle chérissait. La bonne Mère mit tout en œuvre pour lui adoucir le sacrifice et elle y avait peu réussi. Tout à coup, un lundi matin, elle lui dit joyeusement : « Tenez, ma fille, je veux vous envoyer à la foire ; prenez une compagne de bonne volonté et partez. Mais afin d'avoir un but et de passer pour des personnes raisonnables, vous m'achèterez tel objet. Avec le reste de la somme que je vous remets, vous vous payerez du pain d'épice, à vous et à vos compagnes; à votre retour vous ferez vos munificences à toute la communauté.

La proposition fut acceptée en riant, et dans la soirée, la distribution du pain d'épice « acheté à la foire par une Religieuse » fut accueillie avec une hilarité désopilante. Ces gâteries de maman ramenèrent parfois de pauvres cœurs blessés à la vertu solide.

Ce trait rappelle saint Dominique rapportant d'Espagne des couverts d'ébène aux Religieuses cloîtrées du Transtevere qu'il avait eu tant de peine à rétablir dans la stricte observance.

Par ce sage et surnaturel gouvernement, la Supérieure ne pouvait manquer d'attirer les bénédictions du ciel sur sa famille religieuse. Elle la vit, comme un arbre fertile, croître par les branches et par les racines, s'étendre chaque année et se charger de fruits merveilleux. Elle eut la consolation, tout en alimentant les 80 maisons déjà fondées, d'en établir 25 autres, d'y voir fleurir les œuvres de miséricorde.

Une autre récompense, non moins douce, fut encore accordée à sa piété. Le monastère de Saint-Antoine manquait d'une chapelle, qui doit être comme la tête et le cœur d'une maison religieuse. C'est le P. Cornat, comme nous l'avons raconté en son lieu, qui le premier en conçut le projet, et qui l'exécuta magnifiquement. Cette entreprise grandiose, capable d'effrayer les pusillanimes, fut accueillie par la R. Mère, avec un véritable enthousiasme. Si sainte Thérèse tressaillait de joie toutes les fois qu'elle apprenait qu'un sanctuaire nouveau venait d'être élevé à l'honneur de Dieu, il est facile de comprendre l'immense consolation qu'éprouva la fervente supérieure, en posant la première pierre du saint édifice, qui devait, pendant dix ans,

entendre le cri de sa prière. Ce jour-là, elle fit le plus grand acte de foi, de confiance et d'amour, qu'elle ait jamais fait de sa vie. Elle s'empressa d'annoncer la bonne nouvelle à toutes les maisons de dépendance, en leur envoyant l'appel de leur supérieur ecclésiastique à tout le diocèse, et qui était conçu en ces termes :
« Notre siècle, dans les fastes de l'église, sera appelé le siècle de l'Immaculée-Conception. A mesure que les temps deviennent plus mauvais, la foi des fidèles s'affirme plus énergiquement, et tous les diocèses français rivalisent, à qui donnera des témoignages plus expressifs d'amour à Marie, patronne de la France. Notre diocèse n'est pas en retard, et il est peu d'églises qui n'aient érigé un autel, une Madone ou quelque autre monument commémoratif du grand évènement de 1854. Plusieurs statues de l'Immaculée-Conception dominent les sommets de nos montagnes. Mais une plus haute ambition s'est emparée de notre cœur, et c'est une église tout entière que nous voulons consacrer, dans

la ville métropolitaine, en l'honneur de l'Immaculée-Conception.

« Sens possédait autrefois une illustre abbaye Bénédictine connue sous le nom de Notre-Dame-les-Sens. C'est aujourd'hui le siège de la Maison-mère des Sœurs de la Providence. L'accroissement que Dieu a donné à cette Congrégation, rend de beaucoup trop étroite la salle, qui sert de chapelle. Nous voulons faire refleurir le culte de Marie, là où elle était jadis honorée, nous voulons de plus rappeler aux générations futures la mémoire de la dix-huitième fête centenaire du martyre de saint Pierre et de saint Paul. Dans un seul monument, nous avons à cœur de réunir ces deux grands souvenirs, ces deux dates à jamais mémorables du 8 décembre 1854 et du 29 juin 1867. En conséquence, la fête de saint Pierre aura, cette année, au monastère de la Providence, un éclat inaccoutumé ; et le soir, à la suite d'une procession solennelle, Monseigneur l'Archevêque présidera à la pose de la première pierre de la nouvelle église de l'Immaculée-Conception et des apôtres saint Pierre et saint Paul.

« Dieu et la charité des fidèles aidant, nous espérons pouvoir en célébrer la dédicace, le jour même de la fête de l'Immaculée-Conception de l'année 1868, qui est l'année jubilaire de la Congrégation, c'est-à-dire la cinquantième depuis sa fondation. »

Cette espérance fut trompée, le travail était immense, les ressources étaient précaires, les terribles évènements de 1870 et 1871 les diminuèrent encore, entravèrent les ouvriers, et la dédicace dut être ajournée jusqu'au 31 août 1873.

Dès que le plan fut adopté, le P. Cornat se mit à l'œuvre avec une ardeur juvénile, et, le 18 février, il ouvrait les fondations. La seule survivante des trois premières sœurs de la Congrégation, qui avait aidé à creuser les fondations de la chapelle de Ligny, le 16 juillet 1818, eut la consolation d'enlever la première pelletée de terre, pour asseoir cette nouvelle et plus grandiose construction. Le 19 mars, fête de saint-Joseph, on voyait, sur l'emplacement du futur sanctuaire, flotter dans les airs, au sommet d'un mât, une oriflamme blanche bénie par le Saint Père, portant l'image de saint Joseph avec cette inscription : « Saint Joseph, bénissez l'œuvre, protégez les ouvriers. » L'œuvre fut bénie, et pas un des ouvriers n'a été blessé. La première pierre fut posée solennellement au jour indiqué, et les travaux marchèrent avec activité.

On voyait la R. Mère, à la tête de ses filles, qu'elle animait de son ardeur, apporter des pierres pendant la récréation, avec un joyeux entrain, comme autrefois les fidèles, quand on bâtissait leurs églises. Combien de sollicitude et de joie lui donna ce cher édifice, dont elle vit, pendant sept ans, les murailles grandir trop lentement pour ses vœux ? Elle écrivit à Pie IX, par l'entremise de Madame de Larochefoucault, pour solliciter de Sa Sainteté une bénédiction spéciale en faveur des bienfaiteurs de son église. Elle réclama de Monseigneur l'Archevêque, alors présent au concile, un marbre des catacombes, que Sa Grandeur lui offrit, à son retour, avec les plus paternels encouragements.

De son côté, le P. Cornat, qui, pendant le concile, visitait les sanctuaires les plus célèbres de Rome, y portait le souvenir de sa chère construction. Il écrivait de Lorette à la Révérende Mère : « Quelle émotion et quelle joie n'ai-je pas éprouvées en offrant le saint sacrifice dans la maison de Nazareth, pour vous, pour votre chère Congrégation et pour vos fondateurs. Vous devez penser avec quelle ardeur j'ai recommandé à Jésus, à Marie, à Joseph, l'achèvement de votre chère église de l'Immaculée-Conception. Dans la soirée, j'ai trouvé un moment favorable, où il n'y avait presque personne à la *Santa Caza*, je m'y suis introduit et j'ai prié longtemps la tête appuyée sur ces vénérables murailles. Là, j'ai énuméré longuement mes demandes ; et pour consacrer celles de toute la communauté, et le papier même qui les contenait, je l'ai tenu en contact avec le mur sacré. J'ai fait de même à tous les sanctuaires et à tous les saints que nous visitions, à la Consolata, au Suaire de Turin, à Saint-Charles-Borromée, à Saint-Ambroise de Milan... Aujourd'hui, nous avons visité l'exposition des objets servant au culte catholique. Vous demanderez à M. Sicardy comme mes yeux flambaient de convoitise à la vue de si belles choses, qui iraient si bien à votre église de l'Immaculée-Conception. »

Cependant, en dépit de toutes les épreuves amenées par la guerre, la construction s'élève; le 14 septembre 1870, jour de l'Exaltation de la sainte Croix, on bénit la croix, que les charpentiers vont placer au sommet du clocher. Au lieu de couronner l'édifice d'un bouquet de fleurs, selon l'usage, pour ne pas paraître en fête quand la France est en deuil, ils se contentent d'offrir le bouquet à la Révérende Mère, qui leur remet une généreuse gratification. Ils se montrent heureux et reconnaissants, et protestent avec émotion qu'ils sont prêts à venir au secours de la communauté si des dangers la menacent. Ils attribuent aux prières des sœurs, leur préservation absolue de tout accident pendant les périlleux travaux.

A mesure que les ouvrages intérieurs s'avançaient, la prière et la reconnaissance de la R. Mère montaient vers Dieu. Elle ne savait comment remercier assez la divine Providence, dont l'intervention se faisait continuellement sentir, par l'arrivée de secours inespérés. Longtemps d'avance, elle se préoccupait de la corbeille de noces de sa chère église, qu'elle appelait la fiancée du Christ ; et on ne pouvait lui causer une plus grande joie que de lui offrir quelques ornements pour la belle Fiancée. Elle voulut que ses filles les plus habiles se missent à l'œuvre, les unes pour broder des ornements, les autres pour peindre des vitraux, toutes, pour contribuer, selon leur talent, à la décoration du saint lieu. Beaucoup seront étonnés d'apprendre que les ornementations d'un si bon goût, les splendides vitraux qui donnent à l'église un si grand éclat, sont dus à d'humbles Religieuses, gratifiées, en cette occasion, du génie de Bézéléel et d'Oliab pour orner le tabernacle et le temple du Seigneur.

Le jour de la consécration fut peut-être le plus radieux qui ait brillé sur les 20 ans de supériorité de la R. Mère, elle rayonnait de bonheur et semblait chanter, au milieu de ses larmes de joie : « Seigneur, vous pouvez me laisser mourir en paix, mes yeux ont vu la gloire de votre maison. » Elle était debout, en effet, la magnifique demeure de Dieu, elle brillait au soleil, et dominait au loin les habitations des hommes et les vastes campagnes.

Comme complément, on éleva un confortable édifice, qui relie l'église au corps de logis, et qui permit d'installer à proximité du saint Lieu, une vaste infirmerie. L'humble supérieure, si ennemie, pour elle-même, du confortable, lorsqu'il fut question de ses chères malades qui depuis si longtemps manquaient d'air et d'espace, ne voulut rien négliger pour leur procurer le soulagement et le bien-être.

L'âme ne fut pas plus oubliée que le

corps, et une belle tribune, donnant sur le sanctuaire, permet aux infirmes d'assister aux offices, de visiter le Saint-Sacrement, sans descendre et sans s'exposer à l'air extérieur.

Ainsi se complétait le monastère de la Providence. La règle était observée, la communauté sagement gouvernée, Dieu et les malades étaient dignement logés, et la R. Mère, fidèle instrument de la Providence, pouvait gouter en paix le fruit de ses œuvres.

CHAPITRE IX

La R. M. Zoé victime. — Elle s'immole à ses sœurs. — Elle s'immole à son Dieu.

La supériorité répugnait absolument à la Mère Zoé, excepté par son côté sublime, le dévouement. L'immolation, le sacrifice, sont deux mots qui reviennent sans cesse sur ses lèvres ou sous sa plume. Elle redisait à ses sœurs sur tous les tons, que l'immolation est la grande loi de la vie naturelle, mais surtout de la vie surnaturelle, de la famille humaine, mais principalement de la famille religieuse. Le père et la mère s'immolent pour leurs enfants, le soldat pour la patrie, le prêtre pour son troupeau, l'apôtre pour les âmes, la supérieure pour ses filles, et la terre de la

Religion plus encore que la terre du monde, est un vaste autel où chacun doit verser des sueurs, des larmes ou du sang.

La R. Mère Zoé l'avait compris et mis en pratique à toutes les phases de la vie, mais depuis son élection, elle le sentit mieux encore ; elle se regardait comme une victime vouée corps et âme à la souffrance pour Dieu, livrée pieds et poings liés à ses sœurs qui avaient le droit de tout attendre d'elle et de tout obtenir. Le don continuel d'elle-même dans une patience inaltérable devint sa vertu de tous les jours, de toutes les heures. Des dérangements incessants, des correspondances pressées, des visites imprévues, l'arrivée inattendue des sœurs des maisons de dépendance, des caractères difficiles à adoucir, des susceptibles à calmer, des âmes découragées à relever, des cœurs malheureux à consoler, des tièdes à ranimer, des reproches injustes à recevoir, des défections à prévenir, ou hélas ! à pleurer et à réparer, tel était le programme accablant de ses journées, et le témoignage unanime de ses sœurs proclame qu'elle l'a rempli avec un dévouement qui ne s'est jamais démenti.

Néanmoins, elle se reprochait dans ses retraites, de ne pas faire assez pour les âmes que Dieu lui avait confiées. « Trois sortes de personnes se présentent à moi; les premières, très vertueuses et tendant à la perfection; comment les porter toujours plus haut? Les secondes, bonnes et désireuses du bien, mais ayant besoin d'être aidées et pressées, que je suis lâche et timide pour ce travail! Les troisièmes, tièdes et peu généreuses, qu'il faudrait soulever de terre et soutenir dans ses mains pour les empêcher de tomber, est-ce que je me dépense assez pour elles? Mon Dieu, je veux au moins accueillir doucement mes sœurs, m'oublier et me sacrifier constamment moi-même pour leur être utile et agréable. »

La R. Mère observait à la lettre cette résolution qui, passée en habitude, était devenue un besoin pour son cœur. Elle avait, le plus souvent, à bénir Dieu, des vertus admirables qu'elle trouvait cachées dans ces âmes inconnues du monde, mais par exception aussi, elle rencontrait des esprits aigris et prévenus, toujours prêts à se répandre en plaintes et en récriminations.

Une de ces âmes mal disposées vint lui raconter ses griefs imaginaires avec une amertume très peu religieuse. Elle l'écouta longtemps en silence, lui adressa ensuite avec bonté les observations qu'elle croyait nécessaires. Irritée de voir que sa supérieure n'entrait pas dans ses vues, la pauvre dolente exhala sa mauvaise humeur en paroles irrespectueuses et blessantes. Sans se départir de son calme, la patiente Mère l'écouta tant qu'elle voulut parler, et après ce vomissement d'amour-propre inconscient, elle lui dit : « Vous avez fini, mon enfant ? Le cœur de la supérieure doit tout recevoir, comme une boîte à immondices, il faut que chacune puisse y jeter ce qu'elle a dans l'âme de plus mauvais. »

C'était le coup de lance destiné à faire couler l'eau et le sang d'un cœur chagrin ; mais si la coupable, reconnaissant son erreur, revenait à de meilleurs sentiments, elle lui ouvrait aussitôt ses bras et son cœur. Le plus souvent, elle s'accusait elle-même des quelques peines qui lui étaient causées : « Les torts sont toujours de mon côté, si je savais prévenir les faiblesses et les besoins, si j'avais toujours les attentions désirables, on ne se fâcherait pas contre moi. »

Pour elle, rien ne l'offensait et elle répondait à une lettre assez blessante : «Sans doute, si je voulais me laisser aller à la susceptibilité, votre lettre contiendrait bien des paroles capables de me froisser. Mais, mes chères filles me dégoûtent tellement de ce vilain défaut, que je ne puis m'y abandonner. Je ne crois pas avoir l'habitude de rien dire ni de rien faire pour indisposer mes sœurs, les unes contre les autres; j'ai trop à cœur qu'elles s'aiment et se respectent pour les aigrir mutuellement. Vous ressemblez à ces enfants qui dans leur petite colère, ne trouvent rien de plus éloquent que de s'écrier : maman l'a dit, maman le saura. Que je vous plains de ne pas savoir mieux employer votre temps et de n'avoir pas plus de patience et de charité? Quand donc aurez-vous assez de foi, pour voir en vos compagnes des sœurs et des épouses de Jésus-Christ. »

Cette patience reluisait dans les plus petits détails ; souvent elle était interrompue, en récréation, au milieu d'un récit ou d'une explication par des indiscrètes qui lui parlaient toutes à la fois et voulaient faire prévaloir leur sentiment. Elle les écoutait avec un gracieux sourire; l'une d'elles plus vive encore que les autres lui dit : « Comment pouvez-vous conserver votre calme au milieu de ces contradictions ? » — « Ma fille, c'est un don de Dieu. »

Une supérieure locale se plaignant à elle d'avoir à vivre et à traiter avec des caractères difficiles : « Pour moi, lui répondit-elle, je ne connais pas sous le ciel un caractère avec lequel je ne puisse vivre. Grâces à Dieu, il y a longtemps que je n'ai plus ce travail à faire, ma nature ne me demande plus rien là-dessus. »

La porte de sa chambre était comme la porte de l'église, ouverte à tout venant. On entrait chez elle à tout propos, sans qu'elle donnât le moindre signe d'impatience. Interrompue dix fois, souvent pour des motifs frivoles, tandis qu'elle écrivait une lettre pressée, elle posait la plume, écoutait avec attention et donnait, à chaque question, la réponse convenable.

Elle savait ménager les âmes faibles ou attardées dans le travail de la perfection. Elle ne les décourageait pas, par des paroles dures ou des réprimandes intempestives; elle ne les pressait que par ses prières devant Dieu. Elle attendait l'heure de la grâce, et aux premiers indices d'une volonté plus généreuse, elle ne leur marchandait ni les félicitations, ni les encouragements.

Pendant sa longue vie de supérieure, elle n'a pas commandé une fois en vertu de la sainte obéissance. Elle aimait mieux demander que commander, et elle revêtait ses ordres des formes les plus exquises de la politesse et de la prière : Pourriez-vous aider à tel emploi ? — Auriez-vous la bonté de faire ce travail et n'en seriez-vous pas trop fatiguée ?

Consultée sur certains meubles ou vêtements qui ne respiraient pas assez la simplicité ou la pauvreté, si elle craignait de contrister par un refus, elle se contentait de répondre : « Moi, je ne les accepterais pas. » Souvent, ces refus dictés par sa conscience, elle ne les exprimait que par l'hésitation et le silence, tant ils coûtaient à son cœur.

Attentive à dérober les épreuves qui frappaient la communauté, elle les gardait pour elle seule et savait les dissimuler sous un air de bienveillante sérénité.

Une lettre venait d'apporter une mauvaise nouvelle, elle la déposa comme toujours aux pieds de son crucifix, et fit appeler son assistante pour lui confier l'alarmante missive. Après un instant donné à l'épanchement de leur mutuelle douleur, elle se leva : « Allons, ma Mère, retournez à votre travail, une sœur m'attend à la porte, ne laissons rien voir de notre tristesse, les peines sont pour nous et il ne faut pas que nos filles souffrent de nos tribulations. »

Lorsqu'elle apprenait les épreuves et les maladies qui frappaient ses sœurs, souvent jeunes encore et nécessaires dans leur emploi : « Ah ! mon Seigneur Jésus, s'écriait-elle, épargnez mes filles et affligez leur mère, amassez donc dans mon cœur et sur mon pauvre corps qui n'est plus bon à rien qu'à pâtir, toutes les douleurs et toutes les infirmités. Guérissez mes sœurs et faites-moi souffrir. »

La R. Mère eut surtout l'occasion de déployer cet esprit de sacrifice pendant la funeste guerre de 1870. L'alarme est partout, les sœurs des maisons de dépendance, effrayées par les populations qui fuient, écrivent à leur supérieure lettres sur lettres pour demander conseil et consolation. Les réponses ne se font pas attendre et toutes sont empreintes de prudence et d'un religieux courage : « Vos nombreuses lettres m'annoncent que vous êtes dans de vives inquiétudes pour vous même, et pour votre chère Maison-mère, c'est donc un besoin pour moi de venir vous rassurer. Plusieurs d'entre vous me demandent si elles doivent fuir. Non, mes sœurs, demeurez à votre poste, continuez vos classes, restez entourées de vos chères enfants, ce sera pour vous le meilleur préservatif, et pour les parents la plus grande sécurité... Votre présence encourage et soutient les populations auxquelles vous pourrez vous rendre utiles soit en gardant les petits enfants, soit en recevant et soignant chez vous les vieillards et les infirmes. »

« Plusieurs sœurs aussi reçoivent le conseil, de quitter leur vêtement religieux pour prendre les habits du monde. Non, mes sœurs, non, quoiqu'il arrive, gardez votre costume béni, c'est la plus précieuse sauvegarde que vous puissiez jamais avoir. »

« Nous nous occupons de tout ce qui vous intéresse, nous sommes à même de connaître les dangers, et s'il fallait vous donner des avis contraires à ceux que vous recevez aujourd'hui, nous le ferions au plus tôt. »

« Le jour de la Nativité de la Sainte-Vierge, sous l'impression de la confiance la plus entière en notre Dieu, et sous la protection de Notre Mère Immaculée, nous avons renouvelé nos saints engagements avec foi et amour, vous n'avez pas été oubliées dans nos prières. Choisissez de même un jour à votre dévotion pour renouveler vos vœux...

« Priez, mes bonnes sœurs, faites prier autour de vous, et demeurez paisibles et confiantes dans la divine providence dont vous êtes les filles. »

A mesure que la guerre étend ses ravages et que le péril augmente, la R. Mère redouble de ferveur et excite la communauté par ses discours et par ses exemples. Elle meurtrit son corps par la discipline, et elle demande à ses filles de joindre leurs macérations aux siennes. Au réfectoire, les sœurs prennent leur repas à genoux ; à l'église, l'adoration du Saint-Sacrement ne cesse ni le jour, ni la nuit. Après chaque exercice, toutes les Religieuses se prosternent sur le pavé et récitent les bras en croix le *Parce Domine*. La zélée supérieure par une circulaire du 21 novembre, mande à toutes les maisons de dépendance: « Tandis que la France est dans les larmes et que tant de familles sont en deuil, nos prières et nos mortifications sont incessantes, nous demandons la conversion des pécheurs, la paix pour l'Eglise et pour la France ; joignez-vous à nous, surtout pendant la neuvaine préparatoire à la fête de l'Immaculée-Conception, priez et faites prier vos petits enfants, Dieu seul peut nous sauver et ramener l'ordre et la prospérité dans notre malheureuse patrie. »

La vaillante Mère joint l'action à la prière, et met de toutes parts ses filles, impatientes de se dévouer, au service des blessés. Elle offre à M. le Préfet, par l'entremise de Mgr l'Archevêque, d'établir une ambulance en son monastère de Saint-Antoine, avec la literie nécessaire, la pharmacie et le personnel, infirmières, médecin et aumônier.

L'offre ne fut pas acceptée, mais lorsque la ville de Sens fut au pouvoir de l'ennemi, la supérieure obtint du commandant de place, la permission pour ses Sœurs, de soigner les prisonniers français soit au lycée, soit à la caserne, de leur porter des secours et de panser les blessés. Parmi les Français se trouvaient des Turcos qui recevaient les mêmes soulagements ; le commandant en parut étonné et dit aux Sœurs : « Mais ces hommes-là ne sont pas de votre religion. » Les Sœurs répondirent : « La charité ne connait pas ces distinctions et si vous-même étiez malade, vous recevriez tous nos soins. »

Dévouée à ses Sœurs et à toutes les saintes causes, la Mère Zoé était surtout la victime vouée à Dieu. Elle l'avait toujours été, mais depuis que notre Seigneur l'avait revêtue d'une part de son autorité, elle comprit qu'il l'avait investie au même degré de l'office d'expiation. Elle sentait plus que jamais sur elle le sceau de la croix, qui est le signe dont Dieu marque ses victimes et les désigne au sacrifice. Son corps, son esprit, son cœur gardaient l'empreinte de ce cachet divin. A l'exemple de l'Homme-Dieu, chargé de toutes les iniquités du monde, elle portait dans son âme de supérieure le fardeau de toutes les fautes de sa congrégation. « Pour qu'une communauté marche, disait-elle, pour réparer, pour mériter, il faut des croix, et le sol où doit être plantée la croix, est le cœur de la supérieure. Donc, bon accueil à la Croix sous toutes les formes. Je me réjouirai donc de la maladie, de l'impuissance, puisque Dieu les a choisies. O mon Dieu, que je savoure, que je chérisse les mépris, le déshonneur, la douleur, toutes les peines de cœur et d'esprit, à l'exemple de mon Seigneur Jésus. »

Les crimes qui se multiplient dans le monde, surtout ceux qui attaquaient directement son divin époux, les vols sacrilèges dans les églises, les Christs brisés, les tabernacles violés, les hosties profanées, lui arrachaient d'inconsolables gémissements et elle ne cessait d'en faire amende honorable.

Le moindre péché commis dans sa communauté lui était aussi douloureux que s'il lui eut été personnel et elle se croyait obligée de l'expier.

Alors les peines de l'âme réagissant sur le corps infirme, augmentaient encore ses souffrances habituelles. Son front se chargeait d'une mélancolie surnaturelle qui lui donnait une ressemblance frappante avec la vierge de douleur, au pied de la croix. On la voyait, des jours entiers, se trainer sous le poids de ses angoisses, elle se taisait, elle priait, elle s'accablait d'austérités.

Elle tombait surtout dans ces agonies, quand une Sœur infidèle à la grâce, menaçait d'abandonner sa vocation. Elle la rappelait au berceau de sa vie religieuse, rempli pour elle des souvenirs les plus touchants et les plus capables de la ramener au bien. Elle la gardait, des journées entières, dans sa chambre, et l'entourait de confiance et d'affection. Lorsqu'elle avait épuisé toutes les industries de la charité, elle n'hésitait pas à se jeter à ses genoux, et la conjurait de ne pas mettre le comble à son malheur, en consommant une pareille lâcheté. On la vit, pouvant à peine marcher, faire plusieurs fois à pied le chemin de Saint-Antoine à Sens, pour aller à la recherche d'une enfant prodigue, lui porter des conseils et lui montrer ses larmes. Dans l'impossibilité de courir elle-même à la poursuite d'une brebis égarée ou en danger de se perdre, elle faisait offrir pour elle le saint sacrifice, et envoyait à sa recherche quelque pieuse messagère de la miséricorde.

De son côté, elle redoublait de prières et d'expiations, elle passait des nuits, prosternée au pied du saint Tabernacle. Pendant le jour, retenue par ses occupations ou par l'humilité, elle n'entrait même pas dans l'église, elle se tenait à la porte, agenouillée sur le seuil et criant grâce et pardon.

C'est dans ces jours de tribulation, que notre Seigneur paraissait l'associer aux souffrances de sa passion. On remarquait sur son visage, dans sa démarche, dans ses yeux languissants d'amour, une expression d'ineffable douleur. Elle semblait un crucifix vivant, et on sentait à la voir, qu'elle portait dans son cœur, le poids mystérieux de la rédemption d'une âme. Si ces pages emportées sur les ailes de la grâce, tombent sous les yeux de quelques infidèles qui survivent encore, puissent-elles leur porter le remords et la conversion !

La R. Mère Zoé ne se contentait pas de prier et d'expier elle-même, elle s'estimait une trop pauvre victime, pour apaiser Dieu et conjurer les malheurs qui menaçaient la congrégation. Elle s'adressait à ses filles qu'elle savait plus mortifiées, et éprises comme elle de la croix, afin d'obtenir l'aumône généreuse de leurs immolations. Appuyée sur ces saintes auxiliaires, elle se sentait plus confiante et plus forte.

Lorsqu'elle avait à solliciter une grâce pressante, elle joignait les mains, levait les yeux au ciel et s'écriait : « Mon Seigneur, je vous le demande par le mérite de nos sœurs qui se mortifient, qui se dévouent pour les vieillards, les malades et les enfants. » Se trouvant un jour dans une maison de ses Sœurs garde-malades, et les voyant réunies autour d'elle, elle les regardait l'une après l'autre d'un œil souriant et ému et elle leur dit : « Que je suis heureuse d'avoir à offrir au bon Dieu vos travaux, vos veilles, vos souffrances, votre dévouement ; c'est là ce qui me soutient, je m'appuye sur vos mérites et je les offre sans cesse à Dieu. »

Lorsqu'une pauvre Religieuse, malgré tant de supplications, avait dépouillé les livrées de Jésus-Christ, et qu'on apportait à la désolée mère le costume de sa fille ingrate, elle le recevait avec une respectueuse douleur, comme Jacob la tunique de son fils. Elle s'enfermait dans sa chambre et ne savait qu'inventer pour consoler le cœur du divin époux abandonné. Elle se prosternait, priait longtemps, puis déployant un à un ces vêtements à demi usés, elle les baisait avec larmes, ainsi qu'une mère, au retour du cimetière où elle vient de conduire sa fille, réunit ses habits comme de saintes reliques et les mouille de ses pleurs.

L'année néfaste 1881, apporta à la R. Mère plusieurs de ces défections. Tandis qu'un pouvoir impie brisait les portes des monastères et expulsait les Religieux, le vent de la persécution soufflait partout et s'il fortifiait les âmes généreuses, il ébranlait les faibles ; les orages font tomber les fruits gâtés. La Congrégation de la Providence, qui travaille au milieu du monde, disséminée dans les villes et les villages, était exposée, comme les arbres en plein vent, à tous les efforts de la tempête. Cette tempête en secouant le grand arbre, en avait fait tomber trois ou quatre fruits, fanés ou verreux.

La supérieure en apprenant deux de ces défections à la fois, ne pût arrêter sur ses lèvres, ce cri d'angoisse : « Nous dégoûtons Dieu. » A la retraite générale qui suivit, le R. P. supérieur réunit comme de coutume toutes les sœurs présentes dans la salle du chapitre, pour l'exercice de coulpe. On vit alors la R. Mère qui se regardait comme le bouc émissaire chargé des péchés de son peuple, s'avancer au milieu de l'Assemblée, se prosterner en larmes et s'accuser des scandales qui avaient affligé la communauté pendant cette terrible année: « C'est moi qui suis responsable et qui dois porter la peine. Je suis cause que ces pauvres sœurs ont abandonné leur vocation et vont peut-être se perdre dans le monde. Si j'avais été plus vertueuse, plus ferme ou plus condescendante, si j'avais mieux su les soutenir et les encourager, peut-être ne seraient-elles pas sorties. Je suis coupable, et je demande à être punie comme je le mérite. Je vous demande pardon, mon Révérend Père, des avanies dont nous abreuvons votre cœur si paternel et si dévoué. »

L'émotion était à son comble, et l'humble supérieure grandit encore ce jour-là dans la tendresse et la vénération de ses sœurs.

Pour rendre hommage à Dieu et à la vérité, nous devons affirmer que de telles défections furent rares et tout à fait exceptionnelles. Pendant sa longue carrière de supérieure, la R. Mère a eu la consolation de voir à peu près toutes les filles confiées à ses soins vivre pieusement et mourir saintement, dans le bonheur toujours senti de leur belle vocation. Nous avons entre les mains, les nombreuses circulaires envoyées par elle à ses filles, pour y annoncer la mort de leurs sœurs, on y entrevoit une aurore du ciel. Ces feuilles où elle résume leurs vertus et raconte leur sainte mort, sont touchantes comme des pages de la vie des saints.

La R. Mère Zoé ne s'immolait pas seulement, pour réparer les fautes, prévenir ou expier quelques rares défections, mais encore pour obtenir les secours au jour de l'épreuve. Dans la famille Religieuse, plus encore que dans la famille naturelle, il y a des tribulations toujours renaissantes, des maladies, des morts, des persécutions locales, le renvoi ingrat et immérité des sœurs dont on paye ainsi le dévouement demi séculaire, éternelles causes de douleurs pour le cœur d'une mère et sujets continuels de ses immolations.

Les épreuves qui se succédaient ainsi sans interruption, jointes à la vue du péché et à cette absence du ciel qui remplissaient les cœurs des saints d'une sublime tristesse, apportaient à la Mère Zoé des lassitudes de cœur qu'elle trahissait souvent par ses soupirs. Cet ennui que Bossuet appelle le fond inexorable de la vie humaine et que Jésus-Christ a sanctifié au jardin des Oliviers, serrait son âme dans les étreintes d'une angoisse indéfinissable. Une sœur en lui confiant des peines intérieures, lui avoua que l'ennui les dominait toutes : « Vous vous ennuyez, ma bonne enfant, ah ! ne me dites pas cela à moi qui m'ennuie à en mourir. — Eh bien ! sanctifions notre ennui. Nous ne sommes pas les seuls à sentir ce mal du pays. Le P. Muard s'ennuyait, le P. Barbier s'ennuyait, les saints s'ennuyaient, le Saint des saints a bien voulu s'ennuyer. Ah ! la terre est triste, triste, mais il faut bien y rester pour expier. — Mon Dieu, écrit-elle après une retraite, que mon âme est triste ! j'ai besoin de vous le dire, de l'écrire ; je me sens fatiguée du temps, des créatures, de moi-même, de tout. — Je gémis de ne pouvoir faire des mortifications à cause de ma mauvaise santé. Mon naturel apathique et mon état maladif, me rendent difficiles le travail de ma perfection, et le devoir de ma charge. Je sers le bon Dieu avec une sorte de tristesse et de serrement de cœur, à cause de mes misères personnelles et de celles des autres dont je suis chargée : ce n'est pas bien. — Allons, mon âme, allons, confiance, courage, cœur joyeux ! »

« Puisque je ne sais pas vous aimer par le cœur, ô mon Dieu, faites que je vous aime par tout moi-même, par les immolations et les sacrifices que vous daignez me demander. Je supporterai joyeusement les travaux de ma charge, le dégoût de nourriture, les répugnances et les douleurs de toute sorte. Souffrir entre Dieu et moi dans le silence. Allons, mon âme, le Seigneur est avec moi, soyons avec lui, avec lui dans le labeur, avec lui au Calvaire et partout où il y aura à pâtir, point d'autre but. »

Loin donc de repousser les angoisses qui purifiaient son âme et suppléaient à des austérités devenues impossibles, elle était heureuse de sentir jour et nuit cet aiguillon de la souffrance, seul capable d'apaiser sa soif d'amour. Dès que les peines venaient à cesser, elle se plaignait tendrement à son époux divin de ce qu'elle appelait un oubli de son cœur : « Ah ! mon cher Seigneur, m'auriez-vous donc oubliée, voilà quatre jours que je n'ai souffert, je m'ennuie, je m'ennuie ! »

Une sœur qui, par mégarde, avait entendu ces plaintes, osa lui faire cette question : « J'ai ouï dire, ma Mère, que vous vous étiez offerte à Dieu en victime d'expiation, n'est-il pas vrai ? » — « Oui, mon enfant, il le faut bien : est-ce qu'une supérieure ne doit pas payer pour ses filles ? » Le lendemain, un peu confuse d'avoir dévoilé son secret, elle voulut se rétracter : « On croit que j'aime la souffrance, on se trompe bien, je suis comme tout le monde, et moins que tout le monde, car quelles pénitences sais-je faire ? Où sont mes mortifications ? Je vis dans la mollesse et le bien-être. Mon Dieu ! mon Dieu, quel sera mon purgatoire ! »

« Si vous allez au ciel avant moi, lui dit une de ses filles les plus affectionnées, obtenez-moi de Dieu la faveur de vous suivre bientôt, car votre absence me sera trop pénible. » — « Non, mon enfant, lui répondit-elle, je ne demanderai pas cela; mais si le bon Dieu me reçoit dans sa miséricorde, je lui demanderai pour vous : la croix, la souffrance, les tribulations de toute sorte. Entendez-vous bien, il n'y a que cela de bon. »

Les austérités réglées lui étant interdites, elle savait profiter de toutes les occasions qui lui étaient offertes par la Providence pour mortifier son âme et son corps. Elle usait de ses droits de supérieure, pour choisir les vêtements usés, les mets grossiers, la couche la plus dure. L'affluence des Sœurs aux retraites annuelles forçait de dédoubler les lits : elle exigeait qu'on enlevât d'abord son matelas, pour le donner à une arrivante; et, pendant quinze jours, malgré ses langueurs et ses fatigues excessives, elle couchait sur la paille. Elle trouvait à cela deux profits : elle contentait sa soif d'expiation, et elle ôtait aux moins généreuses le droit de se plaindre.

Ce que nous venons de dire sur ses immolations, et qui n'est pas la moitié de la vérité, se résume en une parole du docteur, qui la soigna pendant de longues années, dans les circonstances les plus diverses et les plus douloureuses : « J'ai connu beaucoup de personnes vertueuses, mais jamais je n'ai rencontré une âme qui ait poussé aussi loin l'esprit de sacrifice. »

CHAPITRE X

**Foi. — Espérance. — Charité.
— Pélerinage à Paray-le-Monial.**

La foi, l'espérance et l'amour qui sont la substance de la religion, ont rempli la vie tout entière de la Mère Zoé. Ces trois vertus sœurs, en s'épanouissant dans son adolescence, y avaient produit la piété, portées ensuite par les vœux à un degré plus éminent, elles étaient devenues en elle comme la moelle de la perfection religieuse. Après les avoir vu fleurir dans la jeune fille et mûrir dans la jeune religieuse, donnons-nous la joie de les considérer dans la supérieure, atteignant la plus grande expansion et donnant leurs fruits les plus savoureux. Les quatre derniers mots d'Olga de la Ferronays mourant à 19 ans, semblent le cri de toute cette vie : « Je crois, j'espère, j'aime, je m'abandonne. »

L'esprit de foi est vraiment l'atmosphère de la Mère Zoé, il l'enveloppe comme un vêtement de vie, ce n'est plus elle qui vit, c'est Jésus-Christ qui vit en elle.

Elle voyait les réalités divines dans une telle clarté, que, sans voile et sans incertitude, elle semblait avoir le secret de Dieu sur elle-même, sur ses sœurs, sur les évènements heureux ou malheureux. Elle reconnaissait Dieu sous l'écorce des créatures, son action au fond des passions humaines et sa main dans tous les accidents ; de là cette sérénité d'âme qu'aucune épreuve ne pouvait altérer.

Au commencement de la tourmente que nous traversons, une chrétienne du monde, voyant plusieurs établissements frappés ou menacés par la persécution lui disait : « Pauvre Mère, que je vous plains ! Combien vous devez avoir d'inquiétudes et de soucis dans le gouvernement de vos chères maisons, aujourd'hui

qu'on pourchasse et persécute vos sœurs.»
— « Ah ! madame, lui répondit-elle, quand on a la foi, les peines ne sont plus rien, ce n'est pas à nous qu'on en veut, c'est à Dieu. Heureux ceux qui sont trouvés dignes de souffrir persécution pour la justice et d'être calomniés à cause du nom de Jésus ! »

Dans les maux, elle bénissait Dieu ; dans les biens, la foi lui mettait sans cesse aux lèvres l'hymne de la reconnaissance : « Merci, mon Dieu, merci, vous êtes bon, vous nous donnez toujours ! »

Elle recevait souvent les plaintes de certaines sœurs, qui ne savaient que gémir de tout, et elle leur disait doucement : « Tenez, mon enfant, je vous engage à faire, pendant huit jours, votre méditation sur la sainte indifférence. »

Au milieu des fléaux, qui frappaient l'Eglise et la France, dans chaque désastre nouveau où la cause et les intérêts de Dieu semblaient plus gravement compromis, la foi lui montrait un châtiment du ciel envoyé par la miséricorde divine pour avertir les coupables, réveiller tièdes et ramener les indifférents aux devoirs abandonnés. Elle y entendait surtout retentir l'appel que Jésus adressait à ses épouses pour les presser de mener une vie de réparation et d'amour. « Il faut faire violence au ciel, répétait-elle sans cesse, ah ! si nous avions la foi, nous obtiendrions tout de Dieu. »

Beaucoup de religieuses se plaisent à attester que la foi de leur Mère non-seulement les édifiait, mais encore les consolait et les guérissait. Les unes racontent que, tourmentées de maux de tête ou d'autres douleurs qu'aucun remède ne pouvait soulager, elles priaient leur sainte supérieure de les guérir. Celle-ci, sans leur répondre, les prenait au mot, elle se recueillait, levait les yeux au ciel, puis leur traçait sur le front le signe de la croix. Il leur semblait alors sentir comme un magnétisme divin sortant de la main qui les bénissait, et le mal disparaissait, ou bien pour un temps, ou même sans retour. D'autres rapportent qu'accablées de peines intérieures elles venaient à leur Mère, et que sans lui donner l'ennui d'entendre leur trop long récit, elles lui demandaient simplement, en se mettant à genoux, de les bénir et qu'aussitôt leurs peines s'évanouissaient. Lorsque ces demandes lui étaient adressées avec toute la simplicité de la foi, son humilité n'en prenait point ombrage. L'opération de Dieu lui apparaissait dans une telle évidence, qu'elle, pauvre instrument, disparaissait à ses propres yeux, pour laisser agir le Seigneur et Maître. Il suffisait, du reste, de la voir saisir son crucifix, lever les yeux au ciel avec une expression qui remuait l'âme, pour sentir qu'elle ne considérait en cela que la pure action de Dieu.

Elle avait une si grande foi dans l'intervention miraculeuse de la sainte Vierge, qu'elle n'hésitait pas à la mettre en cause pour des maladies réputées incurables. Une sœur infirme ne pouvait plus, depuis longtemps, faire usage de ses jambes ; le médecin, comme dernière ressource, lui ordonne les eaux. La R. Mère, avant de laisser partir sa pauvre percluse, la conduisit elle-même à un petit pèlerinage établi dans l'enclos en l'honneur de Notre-Dame de Lourdes. Arrivée aux pieds de la statue, elle pria avec grande ferveur, puis se tournant vers la malade étonnée, elle lui dit résolument : « Levez-vous et marchez. »

L'infirme, qui était loin de s'attendre à un pareil ordre, lui répondit en riant : « Mais, ma Mère, je ne peux pas. — Ah ! répliqua la pieuse Mère, si vous aviez plus de foi, et moi, si j'étais plus sainte, vous le pourriez. Elle était payée pour avoir une si merveilleuse confiance, cette fois sans succès, car dans vingt autres circonstances, ses filles ont obtenu, par l'intermédiaire de sa foi, des faveurs extraordinaires.

Cet esprit de foi l'accompagnait partout et se révélait dans ses moindres actions. En passant devant une croix, une statue, une image sainte, son visage prenait une expression sensible de piété. Elle avait toujours une fleur de la saison, pour chacun de ses saints, au jour de leur fête. On aimait à se rencontrer avec elle auprès du bénitier, en entrant à l'église, et à la voir faire ces grands signes de croix qui élevaient l'âme ; plusieurs croyaient l'apercevoir alors avec un visage lumineux et une sorte d'auréole au front. Mais c'était devant le tabernacle surtout qu'elle paraissait abimée d'amour et semblable à un ange adorateur.

Sa foi vive lui montrait encore Dieu dans les personnes qu'elle recevait, surtout dans les prêtres, les religieux et les supérieurs ecclésiastiques. Elle ne les abordait qu'avec le plus profond respect. A la nouvelle de leur arrivée dans la maison, elle s'empressait à leur rencontre, l'air recueilli et tout heureuse d'avoir à communiquer avec des hommes de Dieu qui, comme elle, aspiraient à la sainteté. Elle ne pouvait ensuite contenir, auprès de ses sœurs, l'expression de sa reconnaissance : « Quel bonheur ! Un saint est entré chez nous ! » Elle accueillait avec une particulière vénération, les nouveaux prêtres qui venaient lui rendre visite après leur ordination, et elle ne manquait pas de leur demander pour elle et pour sa communauté leur première bénédiction. Une de ses religieuses croyant avoir des sujets de plainte contre un prêtre, se permit d'en parler devant elle en termes trop peu respectueux, elle l'arrêta sévèrement et lui dit: « Respectons les ministres de Dieu, et lorsque vous aurez à traiter avec celui-ci ou avec tout autre revêtu du caractère sacré, promettez-moi de ne leur parler jamais qu'avec la plus grande déférence, autrement je ne vous reconnaîtrais plus pour ma fille. »

L'espérance de la R. Mère Zoé égalait sa foi: dans les conseils, les conférences spirituelles, les lettres de direction de même que dans ses résolutions personnelles, au terme des retraites, le mot de la fin est toujours: confiance! La défiance d'elle-même était exagérée, mais elle avait comme correctif et contrepoids une confiance en Dieu qui ne connaissait ni fond ni rivage. Aussi, au milieu de ses plaintes devant ses sœurs, ou de ses gémissements intimes devant Dieu, à chaque réélection nouvelle, on n'entendait jamais un mot qui sentit le découragement.

Elle voyait si clairement l'assistance divine dans les plus inextricables difficultés, qu'elle était arrivée à ce joyeux abandon qu'on a appelé avec raison, le bonheur les yeux fermés. « Je ne fais rien, disait-elle, c'est Dieu qui fait tout à ma place. Pauvre et chétif instrument que je suis ! Le bon Dieu n'a pas besoin de moi pour son œuvre, aussi je me console de mon impuissance. »

— A la fin de sa retraite de 1877, après une longue expérience des bénédictions divines sur elle et sur ses œuvres, elle revient plus explicitement sur ces pensées de confiance et d'abandon : « Dieu m'a imposé une charge de la plus haute importance, où en sont mes lumières, où en sont mes vertus ? Je sens mon infériorité à un grand nombre de mes sœurs, et cependant, c'est à moi, pauvre fille de village, que Dieu confie une communauté nombreuse et les âmes qui la composent. Je le proclame devant le ciel et la terre, c'est Dieu qui a fait seul tout le bien qu'on remarque parmi nous. Je reconnais qu'il m'a soutenue, malgré ma faiblesse. »

La Congrégation traversa des jours difficiles et connut les angoisses de la pauvreté. Plusieurs fois, l'économe vint prévenir la Supérieure que les ressources manquaient pour payer les fournisseurs et acheter les choses de première nécessité ; la bonne Mère, sans montrer la moindre inquiétude, se mettait en prière avec sa légion d'élite, et les secours arrivaient comme par miracle.

Lorsque le P. Cornat proposa la construction de la magnifique église, qui est aujourd'hui debout, l'entreprise paraissait effrayante, et vraiment trop lourde pour la communauté déjà chargée de de dettes. La Supérieure, pourtant prudente, n'hésita pas à accueillir cette proposition comme un ordre venu du ciel. Elle déposa au fond du tronc, destiné à recevoir les offrandes, une médaille de saint Joseph, et attendit ensuite les secours avec une confiance qui ne fut jamais trompée.

Appuyée ainsi sur la puissance, la sagesse et la bonté de Dieu, qui l'avait dirigée dans toutes ses voies et fortifiée dans toutes ses entreprises, elle était arrivée au plus complet abandon : « Je sens le besoin de m'approcher de Notre-Seigneur par un amour confiant et une sainte familiarité. Cette disposition affectueuse, que j'éprouve depuis longtemps, vient-elle de Dieu, vient-elle de moi-même, à cause de la jouissance qu'elle procure à l'âme ? Je l'ignore, mais j'ai soif de Dieu. Je voudrais entre le Seigneur et mon cœur une intime et sainte union. Je suis retenue par la crainte de mes fautes, par ma vie lâche et imparfaite, incompatible avec l'union divine. O mon Seigneur et Père, si vous m'attirez à vous malgré mes misères, soyez béni ; si vous me repoussez, à cause de mon orgueil et de ma lâcheté, soyez encore béni. Mais n'oubliez pas ce qui vous plaît par dessus tout, l'immolation et le sacrifice ; je le veux aussi. Je ne suis qu'une pauvre orgueilleuse, toute remplie de misères et de péchés, et j'aspirerais aux faveurs que l'époux réserve pour les âmes innocentes ! — » Elle terminait comme toujours par les deux mots qui la résument tout entière : confiance en Dieu, défiance de moi.

Ce besoin mystérieux qu'exprime la R. Mère de s'approcher plus près de Dieu et de vivre avec lui dans une plus tendre intimité, allumait en son cœur un amour, qui alla toujours croissant jusqu'à son dernier soupir. Pendant de longues années, la souffrance lui enlevait le repos et ses nuits se passaient dans des insomnies fatigantes. « Que faites-vous donc, ma bonne Mère, lui dit une sœur, dans vos interminables nuits sans sommeil ? Combien vous devez vous ennuyer ! — Non, ma fille, on ne s'ennuie pas ; on fait de petits festins avec le bon Dieu. »

Elle faisait aussi parfois de ces petits festins, avec les créatures du bon Dieu, éprises comme elle du saint amour. Elle était un soir consumée par la fièvre et se voyait contrainte d'aller prendre le lit, lorsqu'on annonce la visite d'une dame venue de loin pour l'entretenir. La bonne Mère a bientôt fait son sacrifice, et dissimulé sa souffrance sous l'air le plus gracieux, pour recevoir la visite bien malencontreuse.

La visiteuse était une de ces grandes âmes cachées dans le monde, qui se consument de charité, et se dépensent pour toutes les bonnes œuvres et ne vivent que de dévouement.

L'entretien fut long, et quand la R. Mère en sortit, elle avait le visage enflammé, comme si elle fut revenue d'un grand feu ; la fièvre avait disparu.

Lorsque l'infirmière se présenta, elle trouva la R. Mère écrivant à son bureau, l'air dégagé et épanoui : « Ma Mère, et la fièvre ? — Ah ! la fièvre, il en est bien question, elle s'est enfuie devant une sainte. — Oui, ma fille, je viens de voir une sainte, quel cœur, quelle humilité, quel langage de séraphin ! Que sommes-nous, mon Dieu ? Où en suis-je, moi surtout, pauvre, pauvre créature ?

Combien j'ai regretté, en l'entendant, qu'un témoin caché n'ait pas été là pour écrire les paroles qui tombaient de sa bouche ! »

La R. Mère comprenait combien Dieu l'aimait, vérité peu connue même par les meilleurs. Et cette vue de l'immense tendresse de Dieu pour elle, la jetait dans des transports de reconnaissance. Là où était son trésor, là était son cœur, et aucune préoccupation, aucun labeur ne pouvait lui enlever cette présence réelle. On la voyait marcher le cœur en haut, la prière aux lèvres. Il était rare de la rencontrer, sans qu'elle eût le chapelet à la main, et quoiqu'elle fut surchargée de travail, elle récitait presque tous les jours le rosaire entier. Après les prières de règle, prononcées lentement, en pesant sur les mots, elle prolongeait ses oraisons à l'église ou dans sa chambre.

Le dimanche est rempli d'exercices de piété incessants ; ce n'était pas assez pour son ardeur, elle passait le reste des temps libres à prier. La prière est la respiration de l'âme, elle ne fatigue pas les cœurs aimants ; comme la respiration du corps, elle soulage, délasse et rafraichit. Les jours où le Saint-Sacrement était exposé, elle fixait son séjour au pied du tabernacle et ne pouvait plus se décider à quitter l'hôte divin offert à ses adorations.

Le soir, surtout quand le jour avait été pesant et chargé de mauvaises nouvelles, on l'entrevoyait à la lueur de la lampe, prosternée devant l'autel, se confondant en amour et en réparation.

Sa chambre lui devenait un sanctuaire, elle interrompait souvent son travail pour prier; on la surprenait les bras en croix, absorbée en Dieu, insensible au bruit qui se faisait autour d'elle, et on se retirait en silence pour ne pas troubler son saint commerce avec Dieu. Nous savons, par ses confidences et ses notes de retraite, qu'elle hantait plus souvent le Calvaire que le Thabor, que les consolations étaient rares et que Dieu la visitait plus par les sécheresses et l'épreuve que par les douceurs sensibles. La persévérance dans l'oraison, au milieu des aridités, nous montre d'autant mieux la solidité de sa vertu.

Cependant Dieu ne lui refusait pas toujours les témoignages sentis de son amour, et nous trouvons quelques vestiges, de son rapide mais délicieux passage. A la fin d'une retraite faite à Pontigny, le 3 octobre 1873, elle écrivait : « Nos sœurs ont eu la charité de faire dire pour moi une messe votive au tombeau de saint Edme. Pendant le saint sacrifice, le Seigneur m'a parlé au cœur : Ma fille, m'a-t-il dit, je t'aime, aime-moi, tu me trouveras dans le Saint-Sacrement et dans ton cœur ; je veux y faire ma demeure. — Merci, mon Dieu, j'avais besoin de vos douces paroles pour moi et pour mes filles. A la suite de cette faveur divine, je fus pendant plusieurs jours dans un très grand recueillement, mon âme n'agissait plus par elle-même. »

Dans les années qui suivirent, nous trouvons çà et là des traces écrites des impressions du saint amour. Le 1ᵉʳ décembre 1879 : « Souviens-toi, mon âme, de l'ardente impulsion donnée à ta vie, par le divin cœur : Je veux que tu fasses une Commnnauté de Religieuses vivant de mon amour, courage, confiance. — Le Seigneur m'a fait connaitre et sentir sa tendresse. Il me demande de demeurer dans son amour, c'est sa volonté expresse. » Depuis cette douce communication, elle éprouvait un attrait particulier pour le discours de Jésus-Christ après la cène : « Demeurez dans ma charité. Père, faites qu'ils soient un avec moi, comme je suis un avec vous. » Elle y revenait, dans ses conseils, avec une sorte d'enthousiasme, mais toujours avec le ton simple et naturel qu'elle apportait en parlant de Dieu et des choses de Dieu. La plupart des faveurs extraordinaires, dont Notre-Seigneur a rempli sa vie, sont restées un secret entre lui et elle, l'aveu ne lui en échappa que par inadvertance et elle n'aimait pas que les âmes émissent au grand jour et dans un langage recherché, les grâces de choix dont Dieu daignait les favoriser. Dans une ouverture de conscience elle remarqua qu'une de ses sœurs manquait de simplicité et se servait de termes prétentieux : « Moi, je ne saurais dire de si belles choses, lui répondit-elle. Je dois vous avouer que j'aime beaucoup saint Jacques, parce qu'il avait vu Notre Seigneur et n'en parlait point aux autres apôtres. »

L'amour a des intuitions, il aiguise l'intelligence et la rend plus pénétrante. Sans lui, le tact spirituel est lourd, la délicatesse et la finesse de notre discernement spirituel sont en défaut, nous ne découvrons pas d'un œil prophétique le mal caché en certaines maximes et en certaines âmes. L'amour a comme le flair surnaturel de l'erreur et du mal : de là, dans les saints, cette clairvoyance qu'on peut appeler une seconde vue.

Les Sœurs qui vivaient dans l'intimité de la R. Mère, ou qui avaient avec elle des communications de conscience, prétendaient qu'elle devinait et sentait le mal dans les cœurs souillés, et en éprouvait des nausées. Elle prédisait leur vocation à des jeunes filles qui s'en défendaient et s'en montraient très éloignées. Elle déclarait fausses au contraire, des aspirations à la vie religieuse, qui s'annonçaient avec éclat et paraissaient les plus certaines. Elle semblait percer les consciences de son œil simple et pur. Elle disait à l'une : « Prenez garde, vous êtes en train de perdre votre vocation. Réfléchissez à ce que vous faites. Pendant que Dieu vous offre encore sa grâce, hâtez-vous de lui répondre, demain il sera trop tard. » Deux mois après, la postulante retournait dans le monde. — A une autre : « Rassurez-vous, vous serez une Religieuse fidèle. » — En passant à côté d'une novice, qui tremblait d'être renvoyée, elle aperçut une épingle tombée, elle la ramassa, et avec un sourire rassurant, elle la remit à la novice inquiète en lui disant : « Gardez cette épingle pour attacher votre voile au jour de votre profession. »

Des supérieures locales dénonçaient le mauvais caractère ou des défauts de certaines aspirantes comme incompatibles avec la vie Religieuse. La R.

Mère refusait de repousser ces jeunes filles, elle ordonnait d'user de patience et prédisait un amendement qui en ferait des sujets édifiants et très précieux pour la communauté. Elle pressentait même dans quelques novices des maladies qui ne tardaient pas à éclater et à menacer leur vie ; elle annonçait dans certaines maisons des évènements qui changeaient la face des choses et amenaient des revirements difficiles à prévoir. Les faits abondent en témoignage de ces prévisions justifiées par l'expérience, et presque toujours on voyait se réaliser, contre toute attente, ses menaces, ses craintes, ses espérances, ses prédictions. On comprend le crédit que cette clairvoyance surnaturelle donnait aux ordres et aux conseils de la supérieure. La Sagesse, fille de la divine Charité, semblait diriger ses voies et présider elle-même à son gouvernement.

L'amour de Jésus ne va pas sans l'amour de Marie, et nous avons vu la R. Mère pousser jusqu'aux dernières limites cette piété filiale que les Docteurs regardent comme un signe de prédestination. Née le même jour que Marie, honorée de son nom, elle aimait à redire : « La Sainte Vierge est ma mère, je l'aime en fille. » Sa candeur virginale rappelait la pure physionomie de la Vierge Immaculée, et une de ses sœurs lui ayant dit : « En vous voyant, en vous parlant, je crois voir la Sainte Vierge et lui parler à elle-même. » — « Je ne m'en étonne pas, lui répondit-elle sans embarras, Marie est ma mère. Lorsque j'ai été nommée supérieure, je lui ai confié mes filles. Je lui ai dit : Mes affaires sont les vôtres ; vous voyez quel fardeau on m'impose, et vous connaissez ma faiblesse ; je remets la charge entre vos mains. Gouvernez à ma place, protégez, consolez, conduisez vos chères enfants, elles sont désormais deux fois vôtres. — Je vous assure qu'après m'être ainsi déchargée sur ma divine Mère, toute inquiétude m'a été ôtée. » Ne croirait-on pas entendre sainte Thérèse donnant sa stalle de prieure à la Sainte-Vierge et se constituant son assistante.

Elle ne manquait aucune occasion de manifester sa tendre piété envers Marie. Sur le sommet boisé d'une colline qui domine Bar-sur-Seine, s'élevait une antique chapelle, rebâtie depuis avec splendeur, où l'on vénère une statue miraculeuse appelée Notre-Dame-du-Chêne, parce qu'elle a été trouvée dans les flancs d'un chêne creusé par les ans. C'est là que la R. M. Bresson était venue en pèlerinage au mois de juin 1818, pour mettre sous la protection de Marie son importante entreprise. Quarante-huit ans après, le vendredi 13 Avril 1866, la R. Mère Zoé, héritière de la charge et de la piété de la vénérable Fondatrice, gravissait en priant les pentes de la sainte colline. Arrivée au pied de la statue miraculeuse, elle rappela à Notre-Dame-du-Chêne que sa première Mère était venue là un demi-siècle auparavant demander lumière et force. La bénédiction de Marie avait porté bonheur à la chère famille de la Providence ; elle, nouvelle Supérieure, venait la conjurer de continuer sa protection à une œuvre qui s'étendait au loin et produisait partout des fruits de salut.

Une des formes les plus chères à sa piété, était la méditation des mystères que chaque fête remettait sous ses yeux et rappelait à sa mémoire ; elle s'identifiait à la vie de Jésus et de Marie et vivait de leurs joies ou de leurs douleurs. Le Jeudi et le Vendredi-Saint étaient pour elle des anniversaires d'expiation, pendant lesquels elle faisait observer un silence complet. Le Samedi-Saint, les jeunes sœurs qui arrivaient des maisons de dépendance pour passer les vacances de Pâques, ne savaient pas assez comprimer la joie de revoir le berceau de leur noviciat ; elles apportaient avec elles les allégresses mal contenues du premier alleluia ; et la joie de Pâques menaçait de déborder sur le deuil du Samedi-Saint. La R. Mère ne manquait pas de les rappeler d'un regard sévère au silence et au recueillement : « Attendons à demain pour nous réjouir, la Sainte-Vierge a passé dans la tristesse cette longue journée, pendant laquelle son fils était au tombeau ; tenons-lui fidèle compagnie, autrement nous manquerions de délicatesse. »

Les belles fêtes de Noël lui ramenaient des joies presque enfantines et lui offraient l'occasion de manifester sa tendre dévotion pour Jésus-Enfant. Elle multipliait autour d'elle ses images ; elle ne les quittait ni des yeux ni du cœur ; souvent elle interrompait son travail pour couvrir la crèche de ses baisers. Une des Sœurs, initiée à ces petits secrets lui ayant dit : « Quand vous arriverez au ciel, Jésus aimera à se faire enfant pour vous accueillir. — Ah ! s'écria-t-elle en souriant, il ne saurait me faire un plus grand bonheur ! » Naïve piété des âmes pures ! elles traitent avec Dieu, comme avec le plus aimable Père, elles se confient à lui comme à un adorable Epoux, elles le couvrent de leur tendresse comme un doux Enfant.

La Mère Zoé avait soif de Dieu, mais la soif de Dieu ne s'étanche pas comme celle de la terre. Dans les joies terrestres, la possession amène le dégoût ;

dans les joies célestes, elle ne fait qu'accroître le goût des biens éternels. Une occasion se présenta pour elle d'aller étancher cette soif inextinguible à la source même du saint amour. Au commencement de l'automne de 1872, on annonça un grand pélerinage diocésain pour Paray-le-Monial. Elle ressentit alors le vif désir d'aller une fois, avant de mourir, chercher l'amour dont son âme était de plus en plus altérée, au sanctuaire où Notre-Seigneur avait révélé son Cœur.

Il y avait plus de dix ans que les voyages lui étaient devenus impossibles, et dans les rares sorties qu'elle s'était imposées pour des causes urgentes, elle avait éprouvé de telles fatigues qu'on la ramenait presque mourante à la maison. Elle crut pourtant devoir partir avec quelques âmes choisies, pour le sanctuaire vénéré, où elle espérait puiser plus abondamment les grâces pour elle-même et pour sa famille religieuse.

Le voyage s'accomplit avec la plus grande et la plus douce édification ;

comme toujours, elle charma ses compagnes de pélerinage par son aménité, son exquise politesse, les petits services rendus à propos et surtout par son air absorbé en Dieu.

Arrivée au sanctuaire de l'Apparition, lorsqu'elle aperçut au-dessus de l'autel l'image du Sacré-Cœur, au lieu même et dans la forme où il se révéla à la Bienheureuse Marguerite-Marie, elle fut saisie d'une telle émotion, qu'elle tomba à genoux, oublieuse de la foule qui l'entourait et comme transportée par un saint ravissement. Ses yeux baignés de larmes, ses lèvres frémissantes, tout son être semblait attaché à l'image vivante du Sauveur. Elle passa là des heures du ciel qui restèrent peintes dans sa mémoire comme les plus délicieuses de sa vie, et Dieu seul sait les faveurs dont il la combla.

Les pèlerins jouissaient alors du privilège de vénérer dans le jardin de la Visitation, les lieux divers où Notre-Seigneur avait apparu à la Bienheureuse.

Le fameux bosquet des noisetiers attirait surtout les regards et la dévotion de la foule. Des mains plus pieuses que discrètes se disputaient les feuilles des arbustes-reliques, et il fallut que le général de Sonis et d'autres personnages respectés se constituassent les gardiens et les défenseurs de ces arbres déjà dévastés. Ordre était donné de suivre, sans s'arrêter, les rangs de la procession, qui s'avançait lentement au concert des prières et au chant des cantiques, et de traverser le bosquet sans stationner. Là, les statues du Sacré-Cœur et de la B. Marguerite-Marie de grandeur naturelle, rappelaient d'une manière saisissante la scène de l'Apparition Lorsque la R. Mère les aperçut, tout le reste disparut à ses yeux; elle ne voyait plus ni les personnes, ni les arbres, elle ne souvenait plus de la défense de s'arrêter; hors d'elle-même et comme ravie, elle tomba à genoux et, les yeux fixés sur le Sacré-Cœur, elle s'écria : « Ah ! mon bon Maître !... » On ne lui laissa pas le temps d'en dire davantage ; obligée de se relever aussitôt et de suivre les rangs, elle emporta dans son cœur le trait qui l'avait blessée.

Les plus saintes joies devaient être marquées pour elle du sceau de la croix, elle la trouva en rentrant à son logement. Elle fut saisie de telles souffrances qu'il lui fut impossible de suivre la procession aux flambeaux et d'assister aux touchantes cérémonies du soir.

Elle emporta de ce pélerinage une impression de piété et de bonheur qui la suivit jusqu'à la mort. Rentrée à la communauté, elle en fit le récit avec un enthousiasme qui se traduisit dans les consécrations souvent renouvelées, et d'elle-même et de sa congrégation au Sacré-Cœur.

Voici une de ces prières composée par elle-même, qu'elle aimait à réciter et qu'elle portait fixée sur son cœur :

« Bienheureuse Marguerite-Marie, vénérable Père de la Colombière, moi, sœur Zoé, pauvre supérieure des Sœurs de la Providence de Sens, je vous prie et vous conjure, pour la plus grande gloire de Dieu et la perfection de nos âmes de m'obtenir du Cœur adorable de mon Seigneur Jésus, la grâce de l'aimer autant et de la manière qu'il le veut, de le faire aimer et servir par toutes les âmes qu'il m'a confiées. Demandez que les ferventes augmentent en Charité, que les tièdes deviennent ferventes, que les dévoyées rentrent dans la bonne voie, que toutes nous mourions dans la grâce du saint amour. Je vous recommande mon âme et mon corps, ma vie et ma mort. »

S'il est vrai que la sainteté a son foyer dans l'amour, son exercice dans le zèle, sa consommation dans le sacrifice, on ne saurait méconnaitre dans toute la vie de la R. Mère, le grand signe de la sainteté.

CHAPITRE XI

Charité pour tous. — Charité spéciale pour les sœurs âgées. — Pour les sœurs infirmes.

La charité pour Dieu ne se sépare pas de l'amour du prochain, ce sont deux fruits qui mûrissent sur la même tige. On peut affirmer que l'amour de la R. Mère Zoé pour ses sœurs fut immense et participait à l'infini de l'amour qu'elle avait pour Dieu. C'était sa vertu de prédilection, elle y revenait sans cesse, dans ses avis publics et dans ses conseils particuliers. Elle en portait l'expression touchante sur le visage et dans tout son extérieur. Dieu l'avait marquée au front, aux yeux, aux lèvres, de l'onction de la bonté, et l'avait investie du don d'être aimée. Quelque chose, à son insu, émanait d'elle qui attirait et formait comme un charme autour de sa personne. Les enfants couraient à elle, la distinguaient au milieu des autres, lui tendaient leurs petites mains. Les hommes hostiles à l'habit religieux, sentaient devant elle tomber leurs préjugés. Les confidences des malheureux la cherchaient et une huile sainte semblait couler de ses lèvres.

C'était pour ses filles une grande sécurité que cette charité inviolable. Elles pouvaient lui tout confier sans avoir à craindre un jugement sévère ou une indiscrétion blessante : les absentes n'avaient rien à redouter auprès d'elle pour leur réputation, elles trouvaient en sa personne un défenseur décidé de leurs intérêts les plus délicats.

Une Sœur croyant avoir à se plaindre d'une de ses compagnes, voulait faire partager ses griefs et ses aversions à sa supérieure. Celle-ci l'écoutait avec une souffrance marquée, puis ne pouvant supporter davantage cette sorte de martyre, elle lui dit avec fermeté : « Et vous voudriez me faire fâcher contre cette compagne? Non, vous n'y réussirez pas !

Elle recevait avec une répugnance si visible, les rapports contre la charité, que les plaintes s'éteignaient sur les lèvres les plus malveillantes. Les larmes lui venaient aux yeux aux premiers mots de critique et de médisance, et ce muet reproche suffisait souvent à désarmer les mauvaises langues. Elle ne communiquait point à une sœur les jugements qu'elle portait sur une autre ni les faiblesses qu'elle avait remarquées, elle couvrait tous les défauts de ses filles du large manteau de la charité : « Supportons-nous, répétait-elle souvent, Dieu nous supporte bien avec nos misères. Cette âme que vous trouvez si imparfaite a pourtant des qualités et en somme elle ne vous veut pas de mal. C'est notre sœur, aimons-la, car le bon Dieu l'aime, il l'a choisie pour son épouse, il se donne à elle dans son sacrement d'amour et au ciel elle a sa place marquée auprès de lui. — Ne cherchons pas à réformer les autres, nous n'y arriverons pas, c'est nous-même qu'il faut réformer. — La charité, la charité, Ah ! la belle vertu ; sans elle, mes filles, nous n'arriverons jamais au cœur de Jésus. »

Lorsqu'elle entendait une de ses sœurs donner des renseignements trop peu avantageux sur une compagne, elle se taisait avec un air sérieux et digne qui était déjà une leçon ; elle faisait ressortir les vertus de l'absente avec une délicatesse qui réparait la brèche souvent involontaire faite à sa réputation. Au milieu des persécutions déchaînées contre certains établissements, on l'entendait dire avec calme : « Toutes ces oppositions haineuses ne me causent pas autant de peine que j'en éprouverais si la charité était blessée dans une de nos maisons. »

Voici les réflexions qu'elle adressait à ses filles, le 2 novembre, à l'occasion de la fête des trépassés : « La louange des morts est sur toutes les lèvres, et c'est très bien. Mais où donc ces pauvres défunts ont-ils pris toutes ces qualités et ces vertus qu'on découvre et qu'on admire sur leur tombeau ? Est-ce qu'ils ne les possédaient pas pendant leur vie ? Pourquoi donc ne leur avoir pas alors rendu justice ? Nous, mes filles, n'attendons pas la mort de nos sœurs pour reconnaître leur mérite et admirer en elles les dons de Dieu. — Aimez-vous les unes les autres, c'est un besoin du cœur de se sentir aimée. Comment nos sœurs seraient-elles heureuses dans cette maison si elles ne s'aperçoivent pas qu'elles y sont aimées ? Nous avons droit à cette mutuelle affection. Pour mon compte, si je savais n'être point aimée, j'en souffrirais beaucoup et je me trouverais vraiment malheureuse. »

Ce fut peut-être la seule épreuve qui lui fut épargnée. Ses filles en la voyant si souvent malade, et toujours déterminée à décliner la charge, ne demandaient, pour être rassérénées, qu'un mot d'elle, sa simple signature au bas d'une réponse. La seule pensée qu'elle était là, à son poste, languissante mais vivante, suffisait pour calmer toutes les inquiétudes et réjouir tous les cœurs. Une année, son état de souffrance ne lui permit pas d'assister comme de coutume à la retraite annuelle. Ce fut un deuil général, et ses pauvres filles, en s'en allant, le cœur bien gros, se disaient entre elles : si nous pouvions seulement l'apercevoir de loin ! Nous ne demandons pas à lui parler, mais à voir au moins sa douce figure, et nous nous en irons contentes.

Pour elle, la charité la donnait toute à toutes. Les peines et les joies de ses filles étaient ses peines et ses joies. Un succès obtenu par elles, une lettre qui leur apportait de bonnes nouvelles de la parenté, un bonheur de leur famille lui devenaient un bonheur personnel, tant elle y prenait intérêt. Par contre, des revers de fortune, des morts de parents, des difficultés d'emploi, des angoisses intérieures trouvaient toujours de l'écho dans son cœur maternel. Elle était ingénieuse pour réconforter les défaillances et adoucir les tristesses. Si elle ne pouvait consoler directement une peine trop cuisante, elle essayait de faire diversion à la douleur en parlant aux affligées d'un travail où elles avaient coutume de réussir, ou bien d'un neveu, d'une nièce qui étaient la consolation de la famille. Elle charmait ainsi les chagrins, comme une mère berce et endort son enfant.

Son œil ouvert à tout, ainsi que l'œil symbolique de la Providence, placé à l'en-tête de ses lettres, savait tout voir comme son cœur savait tout soulager. Pendant le repas, elle quittait souvent sa place, pour faire le tour du réfectoire, s'arrêter à chaque table, s'assurer par elle-même si chacune était bien servie et si on mangeait avec appétit. Pour encourager ses filles à se contenter des mets qui leur étaient offerts, elle prenait son assiette et allait se servir un jour à une table, un jour à une autre. Elle allait souvent visiter les cuisinières et s'informait de ce qu'elles devaient servir à la communauté. Elle plaidait aussi la cause des pauvres estomacs, et elle s'apitoyait sur les souffrances des sœurs. « Il y a encore celles-ci, celles-là, qui ne peuvent rien manger, les pauvres enfants, il faut pourtant les soutenir. » Lorsqu'elle savait les cuisinières excédées de fatigue, aux jours de fête ou de réception, elle allait elle-même les aider.

Elle aimait de même à visiter tous les emplois, à mettre un instant la main à l'œuvre pour se rendre compte par elle-même des fatigues et de la difficulté du travail. Elle ne passait jamais près d'une sœur sans lui adresser un regard ou un mot d'encouragement. Du premier coup d'œil, elle découvrait le mécontentement ou l'ennui, et lisait sur les physionomies les angoisses ou les joies du cœur. Elle arrêtait une jeune sœur au passage et lui disait en souriant : « Il y a un nuage au front ; je crois que ma fille va se laisser vaincre par le démon qui ne tardera pas à remporter de tristes victoires. » Ou bien : « Comme nous sommes gracieuse aujourd'hui, il y a fête en dedans, il y a eu par là quelque petite consolation ; ah ! nous aimons bien cela. »

Elle savait tirer du riche trésor de son

cœur ces intarissables bontés qui se répandaient comme un fleuve sur tout ce qui l'entourait. Elle ordonnait d'accueillir les hôtes, surtout les parents des sœurs, les Religieuses des maisons de dépendance, les pauvres, même les étrangers, avec une parfaite charité.

Une sœur attendait un parent qui devait s'arrêter seulement pour lui donner des nouvelles de sa vieille mère infirme. La supérieure, quoique souffrante, trouva le moyen de faire préparer sans bruit le repas de l'hôte improvisé. A l'heure de son arrivée, la réfection l'attendait ; ce n'était pas assez, elle fit cueillir les premiers raisins mûrs et les remit à la sœur pour qu'elle les envoyât elle-même par l'entremise du visiteur à sa mère.

Les familles étaient toujours reçues avec cette exquise charité, et lorsqu'une sœur était appelée pour assister un des siens, la bonne Mère ne la laissait point partir sans la charger de quelque provision pour le malade. Elle excellait dans ces délicates attentions qui échappent souvent aux meilleurs et qui pourtant vont droit au cœur de ceux qui en sont l'objet.

Lorsque les Sœurs revenaient à la Maison-Mère, elles y trouvaient le plus cordial accueil : « Je veux, disait la supérieure, qu'en arrivant ici, mes filles sentent qu'elles sont chez elles, au sein de leur famille, à leur foyer, ayez pour elles toutes les prévenances. »

Elle voulait qu'on reçût avec la plus grande affabilité les visiteurs et les étrangers et surtout qu'on donnât largement aux pauvres : « Nous sommes les filles de la Providence, elle pourvoit à tout, il faut aussi que les malheureux trouvent chez nous les dons de cette bonne Providence. »

C'est à elle que les mendiants voulaient parler, certains qu'en s'adressant à elle-même, leurs aumônes seraient doublées. Les lettres de demande affluaient ; les pauvres mères de famille l'entretenaient longuement, savaient l'attendrir sur leur sort et ne s'en retournaient pas sans l'aumône abondante de l'âme et du corps. Chaque hiver, elle habillait plusieurs familles indigentes, surtout les petits enfants qui lui étaient chers en souvenir de l'enfant Jésus. Elle faisait confectionner et réparer des vêtements de tout genre qu'elle aimait à distribuer de ses mains. On lui rapportait parfois que ses aumônes étaient mal tombées, chez des gens sans ordre qui avaient bientôt gaspillé les secours qu'elle avait eu tant de peine à réunir. Ces abus ne tarissaient pas ses largesses qu'elle savait n'être jamais perdues, étant faites à Jésus dans la personne de ses membres souffrants.

Aux riches aussi elle prodiguait une autre sorte de bienfaits qui n'étaient pas moins appréciés. Elle quittait tout, même les occupations les plus pressées pour les accueillir ; elle les recevait le sourire aux lèvres, avec une simplicité pleine de distinction et avec une parfaite liberté, comme si elle n'eût eu qu'à s'occuper de leur personne. Faible et maladive, elle s'oubliait continuellement elle-même pour ne penser qu'aux autres, elle quittait la table pour aller au-devant des arrivants leur faire l'honneur d'un déjeuner, d'une visite dans la propriété, et elle ne prenait son repas qu'après avoir satisfait à tous les devoirs de l'hospitalité.

Rien n'était oublié, et de charmantes prévenances vous arrivaient au moment où vous vous y attendiez le moins, et c'était fait avec tant de calme et de naturel que la surprise vous en devenait encore plus agréable.

C'est ainsi qu'elle a conquis une vraie popularité, auprès des femmes du monde et des femmes du peuple, auprès des visiteurs, des ouvriers qui s'en retournaient tous ravis de tant d'amabilité ! Ce n'est pas le génie, c'est la bonté qui rend populaire. Toutes les personnes qui ont eu des relations même très rapides et de simple urbanité avec elle, en emportaient le plus édifiant souvenir. Charmés, les moins religieux s'en allaient en répétant aux sœurs : Quelle admirable Mère vous possédez ! Gardez-la bien, prolongez ses jours, c'est votre trésor, elle ne sera jamais remplacée.

Une sœur reçut la visite de son père, homme du monde, instruit, observateur et d'ailleurs indifférent en religion. La supérieure l'accueillit avec son savoir-vivre et sa charité ordinaires ; après les souhaits de bienvenue et un moment d'entretien, elle le laissa avec sa fille : « Quelle supérieure accomplie vous avez là, s'écria-t-il, dès qu'ils furent seuls, quelle distinction dans tout son être ! Elle appartient sans doute à quelque grande famille qui lui a fait donner une éducation soignée. — Non, répondit la sœur, notre Mère est de la campagne, simple fille de cultivateurs. — Tu m'étonnes, je l'ai observée tout le temps de sa visite et j'ai été émerveillé de ce que j'ai vu. Tandis qu'elle était seule avec nous, quelle amabilité et quel maintien ! Quand les autres sœurs sont arrivées, elle leur a laissé la parole, s'est effacée, et semblait n'être plus rien. Comment appelles-tu cela dans ton langage de couvent ? — Mon père, j'appelle cette vertu

de ma Mère, de la modestie, de la charité.
— Oui c'est bien cela, et je t'assure que si je voulais me convertir, ce seraient ta supérieure et ton aumônier qui me gagneraient. »

Cette charité pour tous, prenait encore un caractère plus tendre lorsqu'il s'agissait des membres fatigués, vieillis et souffrants de la communauté. Alors il n'y avait plus en elle que la Mère déployant toutes les ressources de son cœur à l'égard des sœurs âgées et des sœurs malades ou infirmes.

Les Religieuses mises hors de combat par le travail et les années, viennent passer leurs derniers jours au berceau de leur noviciat. La vieillesse n'est-elle pas le noviciat de la mort et du paradis. Jeunes, elles y avaient appris à vivre, usées de labeurs elles viennent y apprendre à mourir. Ces invalides de la religion ne portent pas la croix d'honneur, elles portent une croix plus chère et plus douce qui sait mieux les consoler dans la souffrance et l'abandon, mieux les soutenir dans le passage à l'éternité. Dans le monde, le vieillard

.... de son âge a tout le malheur.

C'est l'âge où la solitude se fait, où l'on n'est plus aimé, où l'on sent l'infériorité et où l'on redevient timide comme l'enfant. Si avec le déclin du corps l'âme ne gagne pas en dignité, la vieillesse devient humiliante, alors « il y a des vieux, il n'y a plus de vieillards. » La femme âgée surtout n'a plus même de nom dans le langage noble, ses larmes qui coulent sur des rides n'excitent plus de sympathie et il ne lui reste que la ressource d'aller réchauffer ses membres flétris au soleil des promenades publiques. Comme elle n'a ni foi, ni espérance, ni amour, les illusions sont tombées avec ses charmes comme les feuilles en hiver.

Il n'en est pas de même des vraies chrétiennes et des Religieuses. Dieu a voulu que leur vie fut belle jusqu'au bout. Combien nos pieuses et vieilles Mères nous semblent dignes de respect et d'amour ! Notre piété filiale semble grandir avec leur âge et s'attendrir avec leur douleur.

Dans les maisons religieuses surtout, les vétérans du travail et du sacrifice sont entourées d'une charité divine et de toutes les consolations du ciel. Elles sentent que la vieillesse est pour elles une bénédiction, que chaque jour nouveau est, non pas un sursis, mais un temps propice qu'elles emploient à payer le reste de leurs dettes et à se libérer du passé, une halte à la fin de la course, qui leur permet d'essuyer les sueurs et de secouer la poussière, avant d'entrer dans la salle du festin des noces. Elles se font un renouveau de leur amour pour Jésus, elles sont les hôtes assidus du tabernacle, elles prient tout le jour, et pour se préparer à la dernière immolation, elles ont des loisirs qui leur permettent de purifier et d'orner la victime. Sur ces sommets blanchis de la vie, elles entrevoient comme l'aurore de l'éternité qui point à l'horizon. Le Jésus qu'elles ont toujours aimé, elles l'aiment d'un amour qui grandit chaque jour, qui se nourrit des débris de toutes les autres tendresses et qui habite dans leurs ruines pour les consoler. Comme des enfants d'immortalité, elles gardent leur jeunesse au milieu des glaces de l'âge, et les dernières années qu'elles passent à la Maison-Mère, ressemblent au repos du soir après le tumulte laborieux de la journée.

Néanmoins, cette vieillesse bénie a besoin d'un rayon de soleil, et elles le trouvaient dans le regard et dans le cœur de leur Mère bien aimée. Elle les entourait d'une sorte de culte affectueux comme on entoure les reliques des saints ; elle n'oubliait pas qu'elles s'étaient usées dans les diverses œuvres de miséricorde confiées à leur dévouement, et que malgré les consolations de la piété qu'offre la Maison-Mère, elles avaient fait un grand sacrifice en quittant les maisons de dépendance où elles avaient laissé leurs meilleures affections et les plus belles années de leur vie. La bonne Mère s'en souvenait avec toute la générosité de son cœur, elle s'ingéniait à consoler leurs ennuis, à adoucir leur isolement et leurs souffrances en leur procurant ces petites satisfactions innocentes qui deviennent chères au vieillard comme à l'enfant. Elle les réunissait de temps en temps pour leur exprimer l'intérêt affectueux qu'elle prenait à leur situation nouvelle. Elle les visitait en particulier, et le plus souvent possible, dans leur cellule, et ces visites toutes cordiales étaient presque toujours accompagnées de petits présents et de gâteries maternelles.

Dans la vieillesse religieuse, il y a la paix, le repos, mais jamais l'oisiveté, et tant qu'une sœur peut remuer les mains, elle travaille en disant : J'aurai l'éternité pour me reposer. Quand la R. Mère rencontrait l'une d'elles occupée à un labeur fatigant, elle faisait tout pour lui en alléger la peine. Aussi chacune de ces vénérables sœurs avait-elle des marques particulières de respect, des salutations toutes filiales en passant devant l'aimable Mère, dont une parole, un sourire, la seule présence au milieu d'elles suffisait pour les contenter et les combler de joie.

Les malades surtout étaient l'objet de sa sollicitude. Elle répétait constamment aux infirmières : « Nos chères malades sont la bénédiction de la communauté, faites pour elles tout ce que vous pourrez, plus que vous ne pourrez. — Mais, ma Mère, répondit un jour l'infirmière, j'ai tout épuisé pour cette pauvre sœur souffrante, mes industries et ma patience sont à bout, elle ne veut d'aucun mets et je ne sais qu'inventer pour exciter son appétit. — Ah ! ma fille, ne vous lassez jamais d'être bonne. Vous n'avez pas encore fait assez, essayez toujours, ayez du cœur, du dévouement, estimez que vous n'avez encore rien fait, et que votre charité soit ingénieuse à découvrir des moyens de la soulager. »

Elle comprenait que la santé du corps chez ses sœurs lui était confiée comme la santé de l'âme, elle regardait chacune de son œil doux et pénétrant, et elle lisait sur leur visage comme la plus tendre mère sur le visage de sa fille unique, la moindre indisposition ; elle prévenait les demandes de soulagement et n'attendait pas qu'elles lui fussent exposées.

Dans la saison des primeurs, elle allait le matin faire son tour de jardin pour cueillir les premiers légumes et les premiers fruits mûrs, et toute joyeuse de ses trouvailles, elle venait les apporter à ses chères malades. Tout en les comblant de soins, elle les recommandait sans cesse aux prières communes. En indiquant ses intentions pour les neuvaines, son refrain invariable était : « N'oublions pas nos pauvres malades. »

Ce n'était pas la moindre de ses angoisses de voir trop souvent de jeunes Religieuses se succéder à l'infirmerie, y passer des mois à attendre une guérison qui n'arrivait pas, tandis qu'on avait un si grand besoin de leur santé pour les œuvres de zèle, pour combler les vides que la mort faisait si largement dans les rangs. Elle attribuait à ses péchés, les morts prématurées et les détresses de la Congrégation. C'est alors que sa foi ardente voulait forcer la main à la Providence et tenter des miracles. Voyant venir à elle une jeune sœur pâle et amaigrie, à la démarche défaillante : « Ma fille, lui dit-elle, en souriant, il y a assez longtemps que vous êtes ici, il faut vous guérir. — Mais je le veux bien, ma R. Mère. — Eh bien, ma fille, si je vous commande au nom de la sainte obéissance, de n'être plus malade, m'obéirez-vous ? — Oh ! ma Mère, ne m'ordonnez pas cela, je ne me sens pas une foi assez vive, pour obéir à un tel commandement. » Vingt faits de ce genre attestent que chez elle la charité égalait la foi. Ses plus chaleureuses félicitations étaient pour les sœurs chargées des infirmes dans les maisons de dépendance et qui s'acquittaient avec plus de zèle de ce ministère de charité.

Dans les dernières années, la R. Mère plus souffrante elle-même que la plupart des malades ne trouvait plus aucune saveur aux aliments, et sa bouche comme paralysée, ne les recevait qu'avec dégoût et refusait de les broyer. Des personnes riches et amies, qui connaissaient ses répugnances, essayaient d'en triompher en lui envoyant des mets plus délicats et mieux apprêtés. Elle y goûtait à peine pour faire plaisir, puis, au premier moment où elle se trouvait libre et seule, elle emportait toutes ses douceurs et s'empressait d'en faire elle-même la distribution « Vous vous oubliez trop pour les autres, lui dit une sœur. — S'il n'en était pas ainsi, je ne serais pas digne d'être Mère. Souvenez-vous, ma fille, que la bonté c'est la vie. »

Au milieu de ses plus pressantes occupations, elle ne manquait pas un jour de monter à l'infirmerie, et au besoin elle prenait sur la nuit ; elle ne se contentait pas d'y porter une rapide consolation, mais si elle trouvait une malade plus fatiguée que les autres, dégoûtée de toute nourriture et n'ayant pas le courage de prendre les mets qui lui étaient apportés, elle s'asseyait à son chevet, lui coupait les morceaux et la faisait manger comme une mère le fait pour son enfant, et avec tant de bonne grâce que la pauvre infirme se croyait assistée par un ange du ciel.

Lorsqu'une Religieuse était en danger ou entrait en agonie, si les sœurs de garde savaient la R. Mère plus souffrante, elles prenaient mille précautions pour n'être pas entendues et ne pas attirer son attention. Soins inutiles, elle apparaissait soudain pour assister sa chère fille mourante. Elle payait de sa personne, rendait les soins les plus répugnants jusqu'à être prise de vomissements et à s'évanouir en sortant de la cellule de certaines malades. Deux ou trois fois son héroïque charité la conduisit jusqu'aux portes de la mort. C'est pourquoi le médecin lui interdisait la chambre des sœurs atteintes de certaines infirmités et surtout de maladies contagieuses. Mais elle, n'écoutant que son cœur maternel, répondait : « J'entrerai, c'est mon devoir, ma fille peut avoir des peines secrètes que sa Mère seule doit connaître ».

Le P. Barbier de sainte mémoire, au

temps où il habitait Sens, venait souvent visiter les malades de la communauté pour les édifier et s'édifier lui-même, et on l'entendait faire cette réflexion : « C'est étonnant de voir avec quelle joie meurent les sœurs de la Providence, on dirait qu'elles partent pour un agréable voyage. Rien autour d'elles ni dans leur langage, ne rappelle l'appareil ou les frayeurs de la mort. » C'était vrai ; la R. Mère savait parler à ses filles mourantes le langage de la miséricorde et du ciel, avec de tels accents qu'on les entendait murmurer doucement : « Quel bonheur de mourir quand on entend notre Mère nous parler du paradis. » Elle les préparait au départ comme elle s'y est préparée elle-même, avec la calme confiance d'une heureuse épouse qui va rejoindre son époux.

La sollicitude de la supérieure s'étendait jusqu'aux infirmes des plus lointaines maisons de dépendance ; à toute occasion, elle leur envoyait un mot du cœur et les plus beaux fruits du verger. Elle eut voulu entasser sur elle-même toutes les infirmités, et à la nouvelle qu'une sœur souffrante ne pouvait continuer son emploi, on entendait la pauvre Mère s'écrier : « Mon Dieu, mon Dieu, réunissez sur moi seule les maladies de nos sœurs, faites-les moi porter toutes, faites-moi souffrir, puisque je ne suis bonne à rien. »

On remarquait qu'à chaque mort survenue dans la communauté les souffrances de la R. Mère augmentaient, elle suivait ses chères défuntes de ses prières et de ses expiations, jusque dans l'autre monde. Une de ses grandes peines, quand elle était retenue par la maladie, était de ne pouvoir faire les communions de règle pour les défuntes. « Ce matin, lui dit une sœur, j'ai offert ma communion à vos intentions. — Ah ! merci, merci, j'éprouvais du chagrin de ne pouvoir communier pour notre dernière défunte. — Eh bien, Mère, soyez sans inquiétude, je m'en charge. — Ah ! votre promesse me soulage, vous me rendez bien heureuse. »

Lorsque le docteur lui interdit de quitter sa chambre pour aller à l'église : « Je vous en prie, s'écria-t-elle, ne m'imposez pas un pareil sacrifice, mes sœurs peuvent vous dire si je leur ai rendu l'obéissance difficile... » Le témoignage des nombreuses religieuses qui ont vécu sous son suave gouvernement, proclame à la face du ciel et de la terre qu'il était difficile à une créature humaine de porter plus loin la charité ; leur orgueil et leur joie est d'avoir passé leur vie sous la conduite d'une supérieure aussi parfaite. Elle a bien réalisé la devise qu'elle garda sur sa table jusqu'à la mort : à *Dieu la gloire, à moi la peine, aux autres la joie.*

CHAPITRE XII

Dénument de l'esprit par l'humilité. — Dénument du corps par la pauvreté. — Dénument du cœur par le détachement des créatures. — Rapports avec sa famille.

La foi, l'espérance et l'amour pour Dieu, la charité pour le prochain sont des vertus surnaturelles qui ne peuvent être fécondes que si elles ont pour racine une autre vertu, réservée au christianisme et qui s'appelle l'humilité. Jésus-Christ en l'apportant au monde n'a pu l'acclimater que dans le cœur des saints, elle est le signe qui les distingue, et Dieu entre en nous dans la mesure que lui fait notre humilité.

Ce cachet des saints, nous le voyons imprimé comme un sceau divin sur les actes, les démarches, les entreprises de la R. M. Zoé. Tout ce que nous avons vu d'elle porte ce grand signe et elle déclarait ne pas comprendre qu'une créature qui se connait puisse s'estimer. Chaque réélection était pour elle un nouveau sacrifice ; et pendant les quelques jours où elle restait déchargée du fardeau de la supériorité, on l'entendait s'écrier : « Ah ! que je suis heureuse, je ne suis plus rien. »

Après la cérémonie de déposition, elle allait se présenter à l'assistante, et lui disait, avec une sincérité qui n'a jamais été suspectée : « Me voici, ma Mère, disposez de moi pour les emplois les plus humbles, ils sont conformes à mes aptitudes, et j'y ai été habituée dans mon enfance. » Si une sœur allait par habitude lui demander une permission, avec quelle joie elle lui répondait : « Vous vous trompez d'adresse, allez à l'autorité, moi je ne suis rien. »

Son bonheur était de courte durée, et avec le fardeau elle retrouvait les angoisses qui croissaient avec les années.

Dans ses épanchements intimes, elle se reprochait tout ce qui arrivait de fâcheux dans la congrégation : « Non répétait-elle, je ne puis continuer à gouverner la communauté, je n'ai plus rien de ce qu'il faut ; quand je veux être bonne, je suis faible, quand je veux être ferme, je suis raide et je blesse. — Que dites-vous là, répliqua la confidente, vous ne savez donc pas à quel point vous êtes aimée ; les esprits, les volontés, vous avez tout dans la main. — Vos paroles indulgentes me font du bien, vous consolez mon pauvre cœur. »

Les personnes qui ne la connaissaient pas et qui l'entendaient insinuer à tout propos, qu'elle manquait d'esprit et d'éducation, s'y laissaient prendre et la rassuraient de leur mieux. Mais celles qui l'ont vue à l'œuvre pendant les longues années de sa vie religieuse, se plaisent à attester que jamais dans ses relations avec le monde et avec ses sœurs, dans ses avis publics ou particuliers, elle n'a laissé paraître un mouvement d'orgueil, et qu'en toute sa conduite, on ne remarquait que simplicité, modestie et humilité.

Quand l'infirmière lui présentait pendant ses maladies, un mets moins commun, elle ne manquait pas de redire : « Si j'étais restée dans ma famille, je n'aurais pas été ainsi traitée. Quelles peines je vous donne ! — Au contraire, il y a bonheur à vous servir, vous êtes toujours trop contente, et jamais vous ne vous plaignez de rien. — Oh ! pauvre gueuse que je suis ! J'aurais beau jeu à faire la difficile, vous ne savez donc pas que dans mon enfance, j'ai gardé les dindons ? » Ces paroles sortaient de l'abondance d'un cœur affamé de mépris et elle ne négligeait aucune occasion de rappeler dans le passé de sa vie, ce que cachent les orgueilleux, les circonstances humiliantes qui pouvaient diminuer l'estime du monde. Une sœur lui ayant dit : « Avec quel bonheur notre vénérable fondatrice va vous accueillir quand vous arriverez au ciel. » Elle lui répondit doucement : « Notre Mère n'a pas lieu d'être fière de moi, et elle pourrait me dire :

Petite Zoé, que viens-tu faire ici ? Tu as négligé mon œuvre, tu n'as pas eu soin de mes filles, et tu n'as pas su avec assez de zèle les porter à Dieu. »

La pauvreté est une forme de l'humilité. Pauvre par le cœur, la R. Mère Zoé était arrivée au détachement complet des choses d'ici-bas. Dégagée ainsi de toute entrave terrestre, elle prenait son essor comme un oiseau du ciel, dans des régions plus pures et plus élevées. Elle ne se contentait pas d'une sainte indifférence pour tout ce qui appartient à la terre, mais par un attrait surnaturel, elle choisissait ce qu'il y avait de plus misérable.

La pauvreté brillait en toute sa personne, dans l'aménagement de sa chambre, dans tous les objets à son usage. Elle recevait comme une aumône, ce qui lui était donné ; on pouvait confectionner ses vêtements comme on l'entendait, elle n'y regardait pas, pourvu que la pauvreté fût respectée. Il y eut un temps où elle ne possédait avec deux de ses sœurs qu'une paire de chaussures et une robe convenables ; elles s'en servaient à tour de rôle, s'il fallait rendre quelques visites. Elle se réservait les rebuts dont personne ne voulait plus, et lorsqu'une sœur âgée venait à mourir, elle gardait pour son usage les hardes que les autres estimaient hors de service. Un jour l'infirmière la voyant revêtir les pauvres défroques d'une sœur défunte, lui dit : « Pourquoi, ma Mère, mettez-vous ces vieilleries qui ne vous appartiennent pas ? — Il ne faut point, répondit-elle, mettre si vite au rebut des habits qui peuvent encore servir. Et puis faisons cela afin d'expier les manquements de nos sœurs qui peut-être souffrent en purgatoire pour n'avoir pas porté leurs vêtements assez usés. » Elle se souvenait que Mme Louise de France, au Carmel de Saint-Denis, garda sept ans la même robe qu'elle raccommodait de ses mains. Elle aussi conservait ses vêtements très propres, mais couverts de reprises qu'elle faisait elle-même, refusant de les confier à des mains filiales plus habiles que les siennes. Les petits présents qu'on lui offrait étaient aussitôt donnés que reçus ; et si un vêtement neuf lui arrivait, elle le remettait à la première sœur qui paraissait en avoir besoin, avec la condition qu'elle le lui prêterait en cas de nécessité.

Elle apportait le même esprit de pauvreté dans l'usage des aliments. Son état maladif lui inspirait le dégoût de toute nourriture, elle n'acceptait qu'avec regret un mets plus savoureux et elle se le reprochait comme une délicatesse indigne d'une Religieuse ; pour qu'elle l'acceptât, il fallait lui en dissimuler la provenance et le prix. Elle voulait bien qu'on dépensât largement pour les malades, elle ne permettait pas qu'on achetât pour elle une primeur. Au mois d'avril, une de ses filles lui offrit un artichaut venant du midi. Elle en fut d'abord peinée ; dès qu'elle en connut le prix, élevé en soi, mais très modéré pour du fruit nouveau, elle s'écria : « Un artichaut de cette valeur pour une pauvre comme moi ! mais ce serait un scandale. Enlevez-moi cela, ce sera pour une malade, et donnez-moi à la place quelques feuilles de salade, qui me feront autant de profit. » Il n'y avait pas à répliquer, elle était inexorable.

Elle pratiquait encore la plus stricte pauvreté dans les menus objets mis à son service. Sainte Thérèse disait : quand j'ai deux plumes dans ma cellule, il y en a une de trop, je ne puis plus me recueillir. La R. Mère Zoé à son exemple, ne gardait jamais dans sa chambre une boîte entière de plumes, elle les demandait une à une, selon le besoin. Une sœur lui ayant fait remarquer qu'en raison de sa nombreuse correspondance, elle pourrait être mieux pourvue en fournitures de bureau : « Eh ! ma fille, lui répondit-elle, je serais trop riche, et où serait donc la pauvreté, dont je dois donner l'exemple ? » Quand elle recevait une lettre qui n'avait point passé par la poste, elle se servait de l'enveloppe pour une autre missive et la destinataire recevait à la fois de l'édification et une leçon.

Le petit cahier qui fut pendant vingt

ans le confident de ses résolutions, de ses joies et de ses peines, elle se l'était fabriqué de restes de papier et d'une couverture composée de morceaux d'étoffe rapprochés. Lorsqu'une sœur lui demandait un livre de lecture, si l'ouvrage avait plusieurs volumes, elle n'en donnait qu'un à la fois ; c'était plus conforme à la pauvreté, disait-elle, vous aurez le second volume quand vous rendrez le premier. Ce n'était pas parcimonie, car elle était grande et large ; ce n'était pas crainte de manquer, car pour la congrégation comme pour elle-même, elle ne voulait pas de superflu, elle demandait au Père céleste le pain de chaque jour, avec une confiance filiale, sans souci du lendemain.

Cependant elle ne cessait de recommander l'ordre et le soin des choses ; c'était le thème le plus ordinaire de ses avis à la communauté, et elle en donnait l'exemple à tout propos. En allant et venant, elle ramassait un outil de jardinage oublié, un morceau de bois, un brin d'herbe laissés dans une allée, et l'esprit de foi donnait de la grandeur à ces minces détails. Une sœur lui présentait un siège brisé et hors d'usage en lui demandant de le brûler : « Une fille intelligente comme vous, lui répondit-elle, ne pourrait donc pas clouer çà et là deux ou trois petites planches et redonner de l'usage à ce vieux serviteur, c'est ainsi qu'une sœur de la Providence doit entendre la pauvreté. »

Par une soirée de juin, elle conduisit les novices dans un coin de pré où l'herbe commençait à reverdir. Le lendemain, une postulante vint se plaindre à la R. Mère de ce que le noviciat avait pris sa récréation sur l'herbette qui ainsi foulée ne pourrait plus croître pour nourrir le bétail. La bonne Mère l'écouta en souriant et lui dit: « Vous faites bien, ma fille, de me donner cet avis, je vous promets d'y faire droit, car c'est moi qui suis coupable, c'est moi qui ai conduit les sœurs. » La pauvre fille se confond en excuses et demande pardon de sa plainte indiscrète : « Vous avez bien fait de m'avertir, mon enfant, la Supérieure doit être la première à donner l'exemple en tout. »

La R. M. Zoé n'estimait pas que la chambre qu'elle occupait fut sienne, elle avait coutume de dire : *la chambre*. Elle la regardait comme une relique de la vénérable fondatrice, et n'y voulut jamais rien renouveler, ni rien changer. Du reste on pouvait ôter, déplacer tel meuble ou tel objet, sans qu'elle s'en aperçût, tant elle était morte aux choses extérieures. Cette chambre n'était jamais fermée à clef et elle semblait commune à toutes comme la Maison du bon Dieu. Droite et confiante, elle n'avait pas même l'idée qu'on put y rien déranger. La correspondance était là éparse sur la table, et lorsqu'elle s'éloignait elle se contentait d'étendre son tablier sur les lettres sans craindre une indiscrétion.

Toutefois, il faut le reconnaître, cette confiance fut plus d'une fois trompée. Il y avait dans le monastère, un indiscret, qui ne cherchait pas à lire les lettres, c'est vrai, mais qui pénétrait partout où il soupçonnait la moindre lippée, ne fût-ce qu'un os à ronger. C'était le chien de la maison, qui, abusant de son droit de gardien du logis, profitait de l'absence de sa maîtresse pour s'introduire par les fenêtres. Il furetait partout, bouleversait tout sur son passage, renversait l'encrier sur la table et sur le parquet, et ne sortait jamais sans laisser des traces lamentables de sa visite clandestine. En rentrant chez elle, la bonne Mère stupéfaite d'une pareille perquisition, n'avait pas de peine à deviner le coupable. Elle le faisait venir aussitôt et lui adressait une verte remontrance du ton et du geste les plus menaçants. Le délinquant ne cherchait pas à s'excuser, il se couchait par terre, baissait la tête et ne la relevait que pour lécher la main de sa maîtresse courroucée, et semblait l'écouter en donnant les marques du plus profond repentir. Hélas ! la contrition durait peu ; corrigé trop mollement, il s'humiliait un instant et n'attendait pour recommencer qu'une occasion favorable. Ce fut la plus grande faiblesse de la R.

Mère ; que Dieu et les hommes la lui pardonnent !

Si par la pauvreté, la Mère Zoé était détachée de toutes les choses de la terre, par la pureté du cœur et l'innocence de la vie, elle était détachée de toute créature vivante et n'avait aucune affection qui ne prît sa source en Dieu. Elle a gardé jusque dans sa vieillesse cette candeur virginale qui est l'ignorance du mal, et elle a emporté au tombeau l'innocence de son baptême. Cette âme, disait son docteur, est retournée à Dieu, comme elle en est sortie. Elle avait horreur des afféteries féminines et elle ne souffrait de ses sœurs aucune des démonstrations de tendresse qui sentent la nature et la mollesse. Oh ! que je n'aime donc pas, disait-elle, les mignardises et les paroles touchantes ! Elle ne permettait pas qu'on effleurât la manche de son vêtement, comme l'hermine elle redoutait un grain de poussière, et une répulsion instinctive l'éloignait de ce qui sentait la chair et le sang.

En faisant la toilette de fiancée de sa jeune sœur pour la vêture, elle lui dit bas à l'oreille : « Ma bonne petite, je ne te verrai plus avant ce soir ; lorsque tu vas te présenter à l'époux divin, demande lui la pureté du cœur pour une jeune fille qui m'intéresse beaucoup. » L'innocence l'attirait comme l'aimant attire le fer, et la portait vers les enfants, vers les oiseaux et les fleurs. Elle eut volontiers, comme saint François d'Assise, conversé avec les oiseaux qui venaient voltiger à sa fenêtre. Elle suspendait son travail, se plaisait à les regarder et leur adressait la parole avec une ingénuité enfantine. Son affection gagnait en profondeur et en solidité, ce qu'elle perdait en exubérance démonstrative. « Forte comme le diamant et tendre comme une mère. » Jamais supérieure n'a aimé plus virilement ses filles et n'en a été aimée avec un dévouement plus filial. Elles la considéraient comme un être tout angélique et leur affection s'épurait sans perdre de sa vivacité ; beaucoup d'entre elles l'aimaient plus que leur mère selon la nature, mais d'une charité surnaturelle et toute divine.

La Mère Zoé s'était ainsi conservée sans tache par la mortification des sens qui était chez elle passée en habitude. Lorsque des sœurs venaient lui confier leurs sécheresses et leurs tentations : « Je vais, leur disait-elle, vous révéler mon secret ; quand je me trouve dans votre état, rien ne remet mieux sur pied, qu'un bon acte de mortification corporelle, c'est le coup d'éperon qui me réveille et me donne de l'élan. »

Ce détachement universel de la R. M. Zoé s'étendait jusqu'à la famille qu'elle avait laissée dans le monde, jusqu'à ses sœurs et à ses nièces qui étaient venues la rejoindre dans la vie Religieuse. Elle conservait pour les siens une charité plus forte que toutes les tendresses humaines. Elle n'oubliait pas ce qu'elle leur devait dans l'ordre de la nature et dans l'ordre de la grâce, et leur gardait une éternelle reconnaissance de la vocation qui faisait le bonheur de sa vie. Aussi son affection était sans limites, elle les aimait en Dieu et pour Dieu ; elle se sentait animée pour eux d'une ambition de sainteté qui ne connaissait pas de bornes.

Mais si le souvenir qu'elle leur gardait était de tous les jours, les rapports avec eux devaient être réglés selon l'austérité de l'esprit religieux. Ils le comprenaient et se faisaient un devoir de la consulter dans toutes les graves circonstances de leur vie. Elle était pour eux l'ange du grand conseil, l'étoile polaire, et ils ne marchaient qu'à sa lumière. « Nous n'avions pas le bonheur de la voir souvent, disaient-ils, mais sa présence et son esprit étaient toujours avec nous, elle était l'âme de notre famille, aucune entreprise ne se décidait sans son avis, une parole de sa bouche était pour nous un oracle du ciel. »

Ce détachement de la famille, elle sut le pousser, comme ses autres vertus, jusqu'à l'héroïsme. Dans un de ses voyages entrepris pour visiter les maisons de dépendance, elle eut à traverser en voiture son pays natal. Ses parents vivaient encore ; quelle belle occasion pour aller embrasser son digne père, sa bonne mère, ses sœurs et toute la famille qui la chérissait. Son cœur se précipitait vers le toit béni qu'elle n'avait plus revu depuis tant d'années. Elle sut en comprimer les battements, et à l'exemple de saint François Xavier, qui passant près du château de ses aïeux, se refusa la joie d'en fouler une dernière fois le seuil chéri, elle se contenta de regarder de loin la maison paternelle, d'en saluer les anges gardiens, et offrant cet immense sacrifice à Dieu, elle le conjura de rendre aux siens, en bénédictions divines, ce qu'elle leur refusait en consolations humaines. Puis le cœur brisé, mais content, elle passa outre.

Quand le vieux père en fut informé, il s'écria, en versant des larmes : « Qu'avons-nous donc fait à notre chère enfant pour qu'elle nous traite ainsi ? » Un des membres de la famille mieux inspiré par la foi répondit à ces plaintes : « Soyez persuadé que votre très aimante fille, ne vous a pas traité ainsi par indifférence, mais par vertu. C'est une sainte, vous le savez, elle a offert ce pénible sacrifice pour notre bonheur, et en nous le faisant partager, elle a prié Dieu de nous récompenser au centuple, nous en recueillerons le fruit.

Lorsque ce vénérable père fut atteint de la maladie dont il mourut, la R. Mère Zoé recevait des lettres fréquentes, qui lui apportaient des nouvelles de plus en plus alarmantes. A la réception de ces affligeantes missives, son cœur était déchiré, elle priait avec larmes et adressait au cher malade les paroles les plus touchantes. Elle reçut de la Mère fondatrice l'ordre d'aller assister ce père bien aimé. Elle passa plusieurs jours à son chevet et fut édifiée de ses admirables dispositions. Il réclamait sans cesse la sainte communion, qui était souvent accordée à ses ardents désirs. Il se plaignait de ne pas souffrir assez et soupirait continuellement après les joies du Paradis. Il mourut comme un saint et la généreuse Mère reçut là une récompense anticipée de ses immolations.

Voici en quels termes elle annonçait à

ses sœurs cette triste nouvelle : « Mon cher et bien aimé père ne souffre plus des misères de ce monde, il a terminé sa vie le samedi 27 avril. J'ai eu le bonheur de passer près de lui les derniers jours qu'il a vécu, et la douleur de l'assister dans sa cruelle agonie. Qu'il est dur d'attendre la mort d'un père et de voir ces terribles souffrances lui arracher lentement la vie. Oh ! que c'est triste et que le souvenir en est amer. Priez, s'il vous plait, et faites prier pour le repos de l'âme de ce bien aimé père. »

Tandis que les vieux parents retournaient à Dieu, les petits enfants grandissaient, et la R. M. Zoé avait pour chacun le mot du cœur et le mot de Dieu. Elle répondait ainsi aux vœux d'une de ses petites nièces : « Bonjour, ma petite fille, je te remercie de tes vœux et en retour je te souhaite une bonne année. Je te souhaite la sagesse des vieillards, la prudence et la retenue dans tes rapports avec les créatures. Je te souhaite la paix du cœur que donnent la bonne conscience et la charité avec les voisins. Je te souhaite la piété divine, l'amour tendre du bon Dieu, mais l'amour dans les sacrifices ; oh ! que c'est bon, les sacrifices. »

Les lettres écrites à la famille dans les grandes circonstances de la vie, apportaient toujours au foyer la joie et l'édification. Elles étaient reçues comme venant du ciel, méditées, copiées par les parents absents ou éloignés et on les gardait comme des reliques. « Je dois ma vocation à la foi de mes parents, disait une de ses nièces, mais plus particulièrement encore à une lettre que m'écrivit ma tante pour ma première communion. »

Les parentes de la R. Mère qui avaient embrassé la vie religieuse et vivaient sous sa conduite n'avaient qu'un privilège, celui d'être traitées plus sévèrement que les autres, et elle ne leur montrait de préférences qu'en exigeant d'elles une vertu supérieure et une plus grande abnégation. On l'entendit exprimer ses craintes à une de ses nièces qui se préparait au brevet supérieur : « Si je savais, ma chère enfant, que ce brevet te donnât le plus petit mouvement d'orgueil, je te ferais abandonner tes études et je t'emploierais aux plus bas offices de la maison. N'en tienne qu'à moi et jamais mes parentes ne seront appelées aux charges. » Elle leur donnait seulement la préférence dans les sacrifices et s'il y en avait un plus pénible à imposer, c'était d'elles qu'il était réclamé. L'une d'elles allait être changée de poste et devait en partant, susciter de grands regrets : « Pars en silence, ma chère amie, lui écrivait-elle, sans faire aucun adieu. Ne craignons pas de faire un sacrifice, c'est le cas d'être généreuse et de prouver à Dieu notre amour. Allons! le cœur en haut et marchons hardiment. Entends-tu ma sœur, sois comme je veux que tu sois. »

Deux jours avant la mort de la R. Mère, une de ses nièces accourut pour l'embrasser et recevoir sa bénédiction. Elle fut accueillie presque sévèrement : Pourquoi vous déranger de votre classe, ce n'est pas bien, je ne vous l'ai pas permis. — Mais, ma Mère, répondit-elle, le cœur deux fois triste et de ce reproche et de son chagrin, c'est notre Mère assistante qui me l'a permis. — Sachez que c'est en gémissant que les supérieures accordent de semblables permissions. Je pourrais vous faire repartir dès maintenant, mais comme il vous faudrait revenir presque aussitôt, pour ne pas faire deux voyages, restez. »

Nous donnerons comme dernier trait de son héroïque détachement la lettre suivante qu'elle écrivait à une de ses nièces religieuses et qui rend le son le plus élevé de la sainteté : « Voulez-vous, ma petite chérie, que je vous dise une de mes générosités. Voyant un jour quelques jeunes sœurs mourir, d'autres souffrir avec péril de succomber, j'ai dit: Mon Dieu, je vous les donne. Puis, pensant à vous autres, mes trois chéries, j'ajoutai : Prenez celle-ci, celle-ci et encore celle-ci. En revenant à moi, j'ai été étonnée, mais je suis demeurée dans ma volonté. Si pourtant le bon Dieu veut vous faire vivre, j'en serai heureuse. Sur une de vos lettres, j'ai trouvé un compliment, ce n'est pas bien. Pauvre petite, vous seriez bien aveuglée, si vous arrêtiez vos yeux sur un aussi triste modèle ; visez plus haut. Que Notre Seigneur vous bénisse, tandis que je vous embrasse. »

O sublime dénûment de l'esprit et du cœur !

CHAPITRE XIII

Direction. — Correspondance

Les solides vertus que la R. Mère comprenait si bien, et pratiquait si héroïquement, elle les faisait entrer par la direction dans le tissu de la vie Religieuse, et pénétrer par ses lettres dans l'âme de ses filles. Dans les conseils donnés de vive voix ou par écrit, on sent le souffle d'en haut et l'intelligence pratique de la perfection. Tout en restant dans les grandes lignes de la sainteté et dans le domaine des vertus fondamentales qui la constituent, elle savait discerner les voies et cultiver les attraits particuliers. Elle découvrait vite et indiquait à chacune son sentier et la faisait entrer dans les vues spéciales de Dieu sur elle. Ses avis étaient proportionnés aux différents degrés de lumière et de force qu'elle rencontrait dans une âme. Elle humiliait l'orgueil à propos, mais elle n'imposait les pratiques d'humiliation qu'aux esprits capables de les porter et d'apprécier le mépris. Elle ne permettait les mortifications corporelles qu'à celles qui les demandaient, et encore avec la réserve commandée par la prudence et exigée par la santé. Elle les voulait toutes soumises à l'obéissance, car elle savait que les austérités de choix, et les croix portées avec propriété sont, selon le mot de Fénelon, des *ragoûts* pour une vie d'amour-propre.

Habile à saisir les côtés faibles de chacune, elle imposait de petites pratiques peu douloureuses en elles-mêmes, mais très-profitables à certaines âmes. Une jeune sœur raconte que la R. Mère lui donnait pour pénitence de baiser son crucifix à *l'envers*, comme étant indigne de baiser même les pieds sacrés du Sauveur; et elle avoue que ce témoignage d'amour repentant, lui avait été plus pénible et plus utile qu'une macération des sens.

Elle savait au besoin confondre l'amour-propre et joindre sur le champ la pratique à la théorie. Une Sœur contente d'elle-même se mit à lui parler en direction, de plusieurs circonstances de sa jeunesse qui tournaient toutes à sa louange ; elle l'arrêta bientôt et lui dit avec un air de bonhomie : « Vous faites bien de me raconter tous ces faits, je ne manquerai pas de les relater quand j'écrirai votre vie. » La leçon fut comprise, et la pauvre fille évita désormais de chanter sa gloire et de faire son oraison funèbre avant sa mort.

Lorsque la R. Mère rencontrait des âmes généreuses, elle leur montrait le fond de son cœur, les initiait aux grands sacrifices et les associait à ses immolations. Pendant les retraites annuelles surtout, elle mettait en mouvement son bataillon d'élite, pour réchauffer les tièdes, imprimer aux ferventes un nouvel élan, obtenir et fortifier des vocations, enfin opérer les changements selon le besoin des populations et selon la volonté de Dieu. Elle recourait encore à sa garde d'honneur pour expier les fautes commises pendant l'année, elle groupait trois par trois ces soldats du sacrifice et les mettait de planton devant le Dieu du tabernacle. Une de ces médiatrices disait à la R. Mère : « Dieu vous soutient et vous bénit, jamais la congrégation n'a été aussi fervente et n'a fait autant de bien. » — C'est Dieu qui fait tout, je suis contente ; pendant les retraites, mes filles m'ont laissé accomplir ma besogne sans me déranger, je vois que désormais elles peuvent se passer de moi. »

Aux temps d'épidémie, les sœurs venaient s'offrir à l'envi pour les postes périlleux, la Supérieure rayonnait de joie en voyant ces luttes de générosité, cette *course* au mépris, au sacrifice et à la mort. Lorsque des âmes héroïques la conjuraient de leur donner la préférence, en toute occasion, pour les entreprises les plus difficiles et les offices les plus répugnants, elle tressaillait de bonheur et les encourageait par des paroles enflammées : « Contentons Dieu, ne mettons pas de bornes à notre dévouement ; donnons lui toujours, réjouissons-le par nos sacrifices. Ah ! maître adoré, vous n'êtes pas connu, vous n'êtes pas aimé. »

Dans la meilleure armée, il n'y a pas que des héros ; la Supérieure rencontrait parfois des âmes rebelles au sacrifice qui ne se sentaient pas le courage d'accepter un poste difficile ; c'étaient des larmes, des objections qui ne tarissaient pas. La pauvre Mère se taisait, s'offrait en réparation, et son visage prenait l'expression de cette mystérieuse tristesse dont nous avons déjà parlé. Lorsque la sœur qui avait lutté avec sa conscience et avec Dieu, émue de ce silence prolongé, levait enfin les yeux et voyait le visage de sa Mère tout empreint de douleur, elle se sentait terrassée et acceptait, à genoux, le sacrifice demandé.

Sobre de louanges, la R. Mère n'en usait que pour les âmes faciles au découragement ; elle dirigeait les autres par des vues plus hautes et les faisait courir dans les larges voies de l'abnégation et dans le chemin royal de la Sainte Croix.

Dans les avis rapides donnés aux retraites, dans les brèves réponses à des lettres sans nombre, les sœurs reconnaissaient un tact exquis et une pénétration surnaturelle pour distinguer les côtés faibles et y appliquer le remède convenable. Aux sœurs de classe, elle disait : « Au milieu de vos fonctions dissipantes, le silence vous est nécessaire pour demeurer unies à Dieu ; vous parlez tant aux enfants ! qu'il vous soit doux de reposer votre âme et votre corps en vous taisant avec les créatures et en parlant avec Dieu. — Ne gardez pas seulement la charité, en évitant sur les absentes, toute parole que vous ne diriez pas en leur présence, mais encore soyez attentives à ne jamais critiquer les autres institutions, ni même à les comparer entre elles. Vous aurez toujours assez d'enfants pour vous attirer un jugement sévère, si vous ne remplissez pas bien votre charge. Vous êtes sans doute des filles de la Providence, mais elle en a peut-être d'autres plus habiles que vous, qui font mieux son œuvre ; honorez-les, contentez-vous d'accomplir avec perfection l'emploi qui vous est confié, de manière que les parents puissent dire : Ah ! les sœurs aimables et dévouées ! Et que Dieu puisse ajouter : Humbles, mortes à elles-mêmes et vivant uniquement de mon esprit.

« Reprendre les enfants avec mauvaise humeur, ce n'est pas sévérité, mais brutalité, ce n'est pas avoir sur elles une vraie autorité, mais une infériorité morale, et un avis donné de mauvaise grâce est un avis perdu.

« La science, la science, ne la négligez pas ; mais dans vos leçons, n'oubliez point la formation du jugement, du cœur, du caractère, développez l'esprit d'ordre et d'économie, les travaux manuels et surtout la couture. Ah! la science est bien belle, voulue de Dieu, nécessaire même ; mais une femme dans son ménage ne vit pas de science.

« Vous ne vous êtes pas vouées à Dieu uniquement pour distribuer les éléments des connaissances humaines, mais bien pour façonner cette argile sublime qu'on appelle les âmes, pour les former à la vie sérieuse, chrétienne, pour les préparer au ciel. »

La R. Mère ne laissait jamais les postulantes revêtir le saint habit sans leur adresser, la veille de la vêture, quelques paroles touchantes qui étaient recueillies comme des oracles : « Avez-vous bien réfléchi, mes enfants, à quelle dignité vous êtes appelées et au grand honneur que le Dieu du ciel et de la terre veut bien vous faire, en vous prenant pour ses fiancées. Vous pourriez trembler à la vue de votre misère, si vous n'entendiez le bon Maître vous dire comme à ses apôtres : ce n'est pas vous qui m'avez choisi, c'est moi qui vous ai choisies.

« Jésus a jeté sur vous un regard de miséricorde, lorsque dans le monde, vous ne pensiez point encore à le prendre pour votre partage, il vous a marquées du doigt et il a dit : Elles seront miennes. En reconnaissance d'une telle bonté, confondez-vous, extasiez-vous d'amour.

« Mais qu'offrirez-vous à ce divin fiancé ? Dans les alliances du monde, on s'unit à une personne de son rang, la jeune fille apporte une dot à son époux. Dans cette famille religieuse que voyons-nous ? Dieu qui s'abaisse jusqu'à sa pauvre petite créature, qui la prend et l'élève jusqu'à lui, afin que leurs deux cœurs se rencontrent et s'unissent dans une alliance sacrée. O miracle de tendresse ! Dites donc à l'époux divin : Je n'ai à vous offrir que mon néant. Enrichissez-moi, donnez-moi des joyaux, je vous les rendrai par un retour généreux. Parez mon âme, ô mon bien-aimé, pour le jour des fiançailles, afin que je charme votre cœur et que je mérite d'attirer vos regards d'amour.

« Je compte sur vous, mes filles, j'espère que vous serez notre consolation et que vous deviendrez des saintes. Si vous êtes fidèles aux avances de Jésus, il ne se laissera pas vaincre en générosité, tenez vos promesses, il tiendra les siennes. »

Ces paroles refroidies par le temps,

mais alors palpitantes d'émotion, adressées la veille d'un tel jour, à des âmes jeunes et pures, enivrées d'avance du bonheur qu'apporte un premier dévouement, les transportaient de joie et leur laissaient un souvenir ineffaçable.

La R. Mère donnait à toutes, sans préférence, aux fortes et aux faibles, aux novices et aux professes, la direction qui leur était propre. Elle réservait pourtant une part plus large aux sœurs converses chargées des plus humbles et des plus pénibles travaux. Elle gémissait souvent de ne pouvoir leur accorder les soins que lui dictait son cœur. Mais il fallait qu'elle fut retenue par un empêchement bien absolu pour ne pas les réunir au moins une fois le mois et leur accorder ensuite, à chacune, un entretien particulier. Elle ne supportait pas la pensée qu'une seule fut obligée de garder une peine qu'elle ne pouvait confier à sa mère, car une peine au cœur, c'est un levain qui fait tout monter en aigre.

Elle semblait se délasser au milieu d'elles et se trouvait à l'aise pour leur parler de leurs emplois particuliers. La défiance d'elle-même la rendait timide dans ses conférences à la communauté et ne lui permettait pas toujours d'épancher librement les trésors de son esprit et de son cœur. Mais avec ses chères converses, son âme s'ouvrait et laissait couler les effusions de sa tendresse maternelle. « Je vous aime, mes chères enfants, et je puis vous assurer que personne ne vous aimera jamais plus que moi, c'est pourquoi je tiens à vous entretenir de vos devoirs. Je ne fais pas pour votre sanctification tout ce que je voudrais. Néanmoins, j'ai promis à Dieu et je tiendrai parole, de ne négliger aucune de vos réunions. Si je l'oublie, rappelez-moi à l'ordre, sans craindre de m'importuner, je verrai au moins par là, le zèle que vous apportez à votre perfection. »

Ces entretiens difficiles à placer dans la semaine à cause des travaux manuels avaient lieu le dimanche et le plus souvent dans la chambre même de la R. Mère. Elle attendait patiemment les retardataires et lorsqu'elle les voyait toutes groupées autour d'elle comme une couronne, promenant sur elles un regard plein de sourire, elle commençait l'entretien. Tantôt c'était un catéchisme simple et lumineux sur les deux sacrements qui arrosent la terre religieuse et sur les grandes vérités qui consolent et fortifient. Elle entrait dans les détails, interrogeait, et laissait à chacune la liberté de soumettre ses doutes et de demander des explications. Tantôt elle exposait les vertus propres à leur état, revenait souvent sur les plus fondamentales et possédait le talent qui procède du cœur, de redire souvent les mêmes choses sans se répéter jamais. Le thème le plus ordinaire, c'était le privilége inestimable de leur vocation, le support mutuel, la mortification en toutes choses, et la manière de se sanctifier héroïquement dans les plus humbles emplois. « Dieu, mes enfants, nous a accordé une faveur incomparable, la grâce des grâces, en nous retirant du monde, pour nous placer dans sa maison, au rang de ses épouses. Ah! répondez bien fidèlement à votre vocation sublime, par l'abnégation de vous-mêmes; les plus belles joies de l'âme sont données à la vie de sacrifice et d'immolation. »

«Dans tous les monastères, nous voyons Dieu choisir de préférence ses saints parmi les sœurs et les frères convers. Dans le grand ordre de saint François d'Assise, les deux tiers des saints canonisés étaient de simples frères. Au Carmel et à la Visitation, sainte Thérèse et sainte Chantal racontent qu'elles ont trouvé parmi les converses, des âmes éminentes en sainteté que Dieu favorisa du don des miracles. Combien je serais heureuse si parmi vous il se rencontrait aussi quelque grande sainte! Il vous est si facile au milieu de vos travaux manuels de vivre dans l'union habituelle avec Dieu. Dans les champs tout vous porte à lui, votre oraison peut être continuelle; combien je voudrais être à votre place, mon âme se reposerait dans le silence de la nature et je prierais toujours!

« Vous trouvez Dieu dans chacun de vos

emplois. Lorsque vous lavez la lessive, pensez que vous n'enlevez pas aussi facilement les taches de votre âme et demandez à Dieu de les effacer dans sa miséricorde. Quand vous êtes à vos fourneaux, pensez au feu du purgatoire qui devra un jour purifier toutes les scories et les plus petites infidélités. Si vous êtes occupées à l'étable, rappelez-vous l'Enfant-Dieu, couché sur la paille au milieu des animaux, et réchauffez-le par vos pieuses aspirations. Ainsi vous trouverez au fond de tous vos emplois le Dieu pour qui vous travaillez. »

On sentait la R. Mère sur son terrain, quand elle parcourait le domaine connu et sans cesse exploré de la perfection ; au milieu même de ses redites, elle trouvait des accents si persuasifs que chacune s'en retournait plus heureuse encore de sa vocation et renouvelée dans l'esprit de sacrifice.

La sage direction que la R. Mère donnait de vive voix, elle l'achevait dans ses lettres brèves, mais claires et limpides comme l'âme d'où elles sortaient.

Douée d'une grande facilité de style, elle disait sans prétention tout ce qu'elle voulait exprimer et elle l'écrivait avec netteté. Interrompue dix fois, dix fois elle reprenait la plume et continuait d'écrire avec une présence d'esprit que rien ne troublait. Inspirées par une intelligence vive et un cœur aimant, ses lettres portent tous les vestiges d'une négligence qui plaît, d'une grande rapidité de main et surtout d'une sagesse vraiment surnaturelle. « Combien il vous faut de contention d'esprit, lui disait une sœur, pour suffire à une correspondance aussi nombreuse ? — Croyez bien, lui répondit-elle, que je ne cherche ni mes pensées, ni mes paroles, et que je ne me soucie guère de faire de belles phrases. »

Une lettre, c'est une causerie à distance, c'est la visite d'une Mère absente et aimée qui accourt soudain à travers les espaces, entre sans frapper, et vient, au foyer ou dans la cellule, vous dire : c'est moi. Elles arrivent, ces chères épitres, comme des messagères du ciel, apportant sous le pli de leurs ailes des joies ou des douleurs, des reproches ou des encouragements. Elles ne s'envolent pas comme les paroles, elles ne s'évaporent pas comme les parfums, elles demeurent palpables aux mains, visibles aux yeux. On les relit, et flétries par un long usage, jaunies par le temps, quelquefois tachées de larmes, on les garde comme de chères reliques au lieu le plus secret de ses confidences. Maintenant que la mort a fait son œuvre et que les années ont passé, elles parlent encore et deviennent plus éloquentes, parce que leur voix sort d'un tombeau et lui emprunte quelque chose de sacré ; elles continuent de persuader et de sanctifier.

Combien de filles de la R. Mère Zoé, conservent ses lettres comme un trésor qu'elles feraient volontiers enfermer avec elles dans leur cercueil. Elle en a écrit des milliers qui toutes répondent à des appels de l'âme, à des cris du cœur, à ces mille tentations qui par le fond sont toujours les mêmes, mais qui par la forme ou les situations, sont toujours diverses.

A une âme découragée elle écrivait :
« Il y a chez vous des hauts et des bas, des combats entre le bien et le mal. Le bon Dieu nous assiste, il donne la victoire et permet les chutes pour nous tenir dans l'humilité. Voilà la vie ! Surtout, jusqu'à un certain âge, c'est la phase du combat. Puis, si on a bien combattu, il se fait un calme qui permet de goûter Dieu et de s'unir à lui, c'est la phase du triomphe.

« Cette agitation que je vois au dedans de vous vient, je crois, de ce que vous ne comprenez pas bien la vie spirituelle avec ses vicissitudes et ses luttes nécessaires. Elle vient aussi d'un secret amour-propre qui ne voudrait rien voir de défectueux dans le jardin de l'époux.

« J'aperçois là encore un piège du démon pour vous entretenir dans une tristesse qui alanguirait votre âme, la découragerait et permettrait à Satan de pêcher en eau trouble. Servez donc Dieu avec plus de largeur ; allez-vous le mesurer à vos étroites idées ? Est-ce qu'une faute de votre part va faire bouder le bon Dieu pendant huit jours? Non, non, il aime mieux l'aveu de la faute, puis la joie, que cet air renfrogné qui croit tout perdu et se morfond dans son amour-propre. Croyez-moi, après une chute, repentir, humilité; allez ensuite à Dieu comme s'il n'y avait rien eu, vous l'honorez en lui montrant que vous croyez à son amour. Que faites-vous de bon aux jours de crainte et d'abattement? Et que ne faites-vous pas aux jours d'allégresse et de dilatation? Ah! mon enfant, chassez la crainte et cultivez l'amour. Dieu n'a-t-il pas fait assez pour vous en vous préservant de mille pièges, et en faisant de vous par un regard de prédilection, une épouse, j'allais dire divine, et c'est presque vrai. »

A une autre qu'un secret orgueil rendait peu charitable : « Ma pauvre fille, quel mal vous dites de votre *proche prochain*? C'est à n'y pas croire et mon cœur se refuse à tant de vilains propos. J'espère que Dieu, meilleur que moi, vous pardonnera beaucoup en faveur de ce que vous faites pour ses enfants.

« Article 1er orgueil, article 2me orgueil, article 3me orgueil ; voilà la vraie cause de tout ce que vous éprouvez envers Dieu, envers vos sœurs, envers vous-même. Une Religieuse humble cède à tout et à tous, sans remarque, sans préoccupation. Il lui est indifférent d'être condamnée, contredite, ou mieux, elle craint d'être approuvée. Humble, elle va à Dieu avec confiance, elle se connait misérable, elle court donc à la miséricorde, et s'y abandonne à corps perdu. O humilité ! quels trésors elle appelle dans une âme vide d'elle-même, elle la rassasie de biens. »

Tel est le ton ordinaire de ses lettres, elles sont comme l'écho qui redit à toutes ses filles les accents de son cœur maternel et répercute partout les enseignements de la plus haute perfection. Elles sont autant de *Sursum Corda*, tantôt suaves et emportant l'âme dans les régions de l'amour, tantôt pratiques et rappelant des leçons qui vont droit au but. Les reproduire ici, ce serait répéter ce qu'elle a exprimé déjà sous toutes les formes ; contentons-nous, en finissant, de citer les dernières lignes tombées de sa plume défaillante et adressées à une jeune sœur qui se mourait de la poitrine :

« A ma sœur A., compagne de Jésus sur la Croix. — « Ma bonne petite, vous voilà bien en la compagnie de Notre Sauveur sur la Croix. Comme le bon Maître va vous regarder amoureusement, essuyer vos larmes et compter vos soupirs ! Vous avez bien fait de vous fortifier par les sacrements qui sanctifient les malades ; vous souffrirez avec plus de calme et de mérite. Remettez-vous bien à la volonté de votre Jésus. S'il vous rend la santé, nous l'en bénirons et vous le servirez avec une nouvelle fidélité ; s'il vous appelle à lui, allez, vous trouverez le meilleur des pères qui vous placera bien. Si vous mourez avant moi, vous demanderez pour nous miséricorde et la grâce d'arriver toutes à la perfection et au Paradis. — Au revoir, ma fille chérie, toutes nous vous embrassons et prions pour vous.

Cet « au revoir » n'était pas pour longtemps ; quelques semaines après, la Mère et la fille se retrouvaient au ciel et se donnaient l'éternel baiser.

CHAPITRE XIV

Maladies. — Déclin.

Grâce à Dieu, je me suis toujours mal portée, disait sainte Thérèse. Pendant plus de trente ans, la R. Mère Zoé put tenir le même langage, elle ne passa presque pas un jour sans souffrir. S'il est vrai, comme prétend le P. Faber, que les saints ont été souvent malades, c'est un trait de ressemblance de plus qu'elle eut avec les grands amis de Dieu. Chaque matin, en se levant, elle pouvait dire avec le Sauveur se présentant au monde : Mon Père, vous n'avez plus voulu d'hostie, mais vous m'avez donné un corps pour souffrir.

Ce corps était pourtant bien équilibré ; c'était un sanctuaire bien digne d'être habité par cette âme si richement douée. Mais, nous le savons, des mortifications continuelles, des travaux exagérés l'avaient usée avant le temps. A trente ans, elle fut atteinte de douleurs de tête qui lui restèrent comme une couronne d'épines, et d'une inflammation intérieure qui lui tint fidèle compagnie jusqu'à la mort. Elle avait l'intelligence de la maladie, et comprenant qu'elle n'est pas moins un don de Dieu que la santé, elle lui faisait accueil comme à une messagère chargée de bonnes nouvelles.

Ses souffrances étaient habituelles, avec des explosions plus ou moins fréquentes qui la mirent plus d'une fois à deux doigts de la mort, c'était le volcan qui brûle toujours, mais dont les éruptions ne reviennent que de loin en loin.

Dès le commencement de 1865, peu de mois après son élection, sa santé fut tellement éprouvée, qu'elle reçut l'ordre, malgré son extrême répugnance, d'aller aux bains de mer, chercher avec le repos, un air fortifiant. Elle choisit Saint-Quay, l'une des plages les plus solitaires de la Bretagne, dans le voisinage de Saint-Brieuc. Les heureuses compagnes qui ont passé avec elle cette saison, en ont conservé un souvenir que le temps n'a pas affaibli. Les baigneuses les plus distinguées se faisaient une fête de sa société; Mme Chevalier Chantepie, née de Quatrebarbes, avait conçu pour elle une sorte de culte, et cette dame de grande race et de grande piété, n'en parlait qu'avec admiration. Lorsque la R. Mère revint après un mois d'absence, la communauté entière vint la recevoir à la grande porte d'entrée, on sonna toutes les cloches, l'allégresse était à son comble, il semblait que la maison si vide par son absence, retrouvait son âme et ressuscitait à une nouvelle vie.

Ce repos sembla enrayer le mal, qui sommeillait en apparence, mais dont le foyer subsistait. Le 5 janvier 1870, le R. P. supérieur, adressait à toutes les maisons de dépendance, une demande de prières pour le rétablissement d'une si précieuse santé :

« Je viens solliciter de vous, mes

chères filles, à l'occasion de la nouvelle année, quelques prières spéciales et une sorte d'étrennes spirituelles pour votre R. Mère. Le Seigneur continue à l'éprouver par la maladie et à la sanctifier dans les souffrances. C'est là sans doute une bénédiction qui vous profite à toutes. Mais cet état lui rend pénibles les devoirs de sa charge. S'il est toujours permis de demander à Dieu l'allègement des douleurs, tout en se conformant à sa divine volonté, des enfants ont bien plus droit encore de demander pour une Mère la santé qu'elle a épuisée à leur service quand ils ont eux-mêmes tant à gagner dans la grâce qu'ils sollicitent. Ces pensées m'ont inspiré le dessein de réclamer de vous une neuvaine de prières pour obtenir la guérison de votre R. Mère... »

La pieuse malade ajoutait ces lignes : « Comme vous le voyez par la lettre que le R. P. supérieur a la bonté de vous adresser, ma santé ne s'améliore pas. Vous comprendrez que je ne puis dans cet état, répondre à tous vos souhaits de bonne année. Merci de vos pieux sentiments, soyez assurées que les miens pour vous sont tout affection et dévouement. Si je ne puis par un travail continuel contribuer à votre bien, au moins j'offre à Dieu pour vous mes souffrances, je lui demande de bénir vos travaux et de vous faire avancer dans la vertu, tous les jours de votre vie. »

Pendant les années qui suivirent, bien des secousses vinrent encore entraver le zèle de la sainte malade. Cependant elle dominait le mal et continuait ses fonctions, lorsqu'au mois de juin 1876, une crise violente la conduisit aux portes du tombeau. Le docteur qui redoutait un épanchement au cerveau conseilla les derniers sacrements. Elle fit aussitôt à Dieu le sacrifice de sa vie et se prépara au départ avec un cœur qui sentait déjà l'avant-goût du ciel. Après tant d'immolations qui avaient rempli sa carrière, c'était le sacrifice du soir qui venait tout consommer. On l'entendait répéter jusque dans son délire : Je fais trois expiations, une dans la tête, une dans le cœur, une dans les entrailles.

Elle reçut les derniers sacrements en présence de toutes ses filles réunies, et profondément émues de ses admirables dispositions. Les sœurs ne voyaient plus dans leur Mère une créature mortelle ; elle leur paraissait déjà l'épouse transfigurée du Christ, et ce lit de douleur leur semblait à la fois un Calvaire et un Thabor.

Après la cérémonie, sur la demande de la mourante, toutes les Religieuses passèrent tour à tour devant son chevet et lui baisèrent la main, croyant lui donner le dernier témoignage de leur piété filiale. Malgré sa grande faiblesse, elle sut trouver pour chacune un mot aimable en rapport avec son caractère et ses besoins.

Dès le 21 Juin, le péril avait disparu et la malade attribuait à la vertu des sacrements et aux prières de ses sœurs, son retour inespéré à la vie. « Grâce à vos prières, leur écrivait-elle, j'éprouve un mieux, voisin de la convalescence.

J'ai encore besoin de garde le jour et la nuit, mais je commence à prendre un peu de nourriture. Merci, mes filles, de vos prières et de votre affection qui me fait du bien. Que le bon Dieu vous en récompense en vous donnant la force de remplir vos emplois, et la grâce de vous sanctifier de plus en plus par le fidèle accomplissement des devoirs de votre vocation. Faites vous une vie de paix et d'union, et réalisez le vœu du cœur de Jésus : *Unum sint*, qu'elles soient un. »

Peu de jours après, elle adressait ce mot plus familier à une de ses nièces qui l'avait presque pleurée comme morte : « Voici une occasion, je ne puis résister à la tentation de te dire bonjour, mon gros chéri ; rien que bonjour, c'est tout ce que je puis. Je vous ai donné à toutes bien des angoisses, et à toi plus qu'à d'autres, mais voilà que vos cris ont été entendus, et la porte de là-haut a été fermée. Jusqu'à quel jour, je n'en sais rien ; seulement la leçon a été forte, Dieu veuille que j'en profite. Je ne suis toujours pas vaillante, je suis couverte d'éruptions et rouge comme une écrevisse ; quand tout cela se met à me piquer à la fois, comme des orties, je saute et grince des dents... Vois donc, les malades ne savent que parler d'eux. Bonjour et merci à toutes, sœurs et enfants. »

La convalescence fut longue et ne ramena pas la plénitude des forces. Pendant les six années que la R. Mère devait encore passer sur la terre, nous l'entendrons s'échapper en gémissements qui rappellent le cri mélancolique du prophète : « J'ai dit, au milieu de mes jours, j'irai à la porte de la mort. » Elle écrit, le 15 mai 1881 : « J'ai 60 ans, il ne me reste plus que peu de temps à vivre, que ce temps soit tout à mon Dieu. Il faut que je me rapproche de lui par l'amour et la souffrance. Que ce soit désormais ma vie ; si je ne sers pas Dieu dans la joie d'un amour senti, que j'aie la consolation d'aimer en souffrant, en m'immolant dans toutes les occasions que le bon Maître m'offrira. Ainsi, je me laisserai faire sainte. »

Comme elle se plaignait sans cesse de sa lenteur et de son inertie, une sœur voulut la consoler en lui disant : « Le R. P. Muard se faisait le même reproche, ce qui ne l'a pas empêché d'être un saint. » — Ah ! le bon Père, c'est vrai, il était lent, et se laissait facilement arrêter, mais hélas ! je n'ai que ce trait de ressemblance avec lui. »

Après les retraites, elle essayait de se galvaniser par des résolutions que la maladie ne lui permettait pas d'accomplir : « Promptitude et énergie, voilà bien ce qui me manque ; mais comment faire, quand la faiblesse et le mal m'écrasent. O impuissance, que tu es grande en moi ! Impuissance dans mon âme qui manque de vertus ; impuissance dans mon cœur qui est de glace pour Dieu, impuissance dans mon esprit qui ne peut se fixer à rien ; impuissance de ma volonté qui ne produit rien, impuissance de mon corps qui n'aime que le repos. Cette vie m'est encore une grâce, je veux. Seigneur, votre bon plaisir. »

C'est dans cet état, peint par elle-même, que la R. Mère traînait sa languissante vie. Une sœur la rencontra se soutenant à peine et lui dit : « Vous êtes bien malade. » — Elle lui sourit en regardant le ciel et répondit : « Bon Maître, nous ne refusons pas d'aller à vous. » Puis, après une pause : « Mais rendez-moi compte de votre administration. » — La sœur lui ayant proposé de se reposer « Ah ! répliqua-t-elle, c'est le repos éternel qu'il me faut. » Puis elle ajouta en baissant la voix : « Bientôt, bientôt, je dormirai, je me reposerai pour toujours. »

Au milieu des vicissitudes qui tantôt jetaient l'alarme, tantôt ramenaient l'espérance, on sentait que la vie s'en allait, et vers le milieu de 1883, un affaiblissement très sensible se fit remarquer. Cependant les retraites de septembre approchaient avec leur cortége de travaux et de fatigues extraordinaires ; et on put craindre que la R. Mère, en proie à des maux de tête qui lui ôtaient le sommeil, ne fût pas capable de suffire à la tâche. Surexcitée par l'arrivée de ses filles, aiguillonnée par la nécessité, elle se mit à l'œuvre comme au temps de sa vaillante jeunesse. Pendant les quinze jours que durèrent les deux retraites, elle était debout, la première à l'oraison du matin et à tous les exercices de la journée. Elle consacra entièrement les temps libres à entendre ses filles qui, toutes, eurent la consolation de l'entretenir et de lui ouvrir leur âme pour la dernière fois. On était étonné de ce redoublement de forces, et on ne voulait l'expliquer que par une intervention miraculeuse de la Providence. La pauvre mère de son côté reconnaissait que Dieu la soutenait comme par un ressort surhumain. Ce qui ne l'empêchait pas de répéter en tombant d'épuisement : « Mon Dieu, venez à mon aide ! mon Dieu, irai-je jusqu'au bout ! »

Elle alla jusqu'à la fin des retraites : Mais là ne se terminaient pas ses labeurs, les plus difficiles restaient : les placements, les fondations, les cérémonies de vêture et de profession. Elle put suffire à ces travaux extraordinaires qui remplirent le mois de septembre ; lorsqu'ils furent terminés, voyant autour d'elle toutes les sœurs accablées de fatigues, elle accorda quelques jours de repos général. Elle en profita à sa manière ; épuisée plus qu'aucune autre, elle se mit en solitude, et elle alla chercher dans la retraite, qui fut la dernière de sa vie, le repos de son âme et de son corps. Elle y entra le 6 octobre avec la fièvre et un gros rhume ; ni la souffrance, ni l'extrême lassitude, ni l'absence de son assistante, partie pour des fondations, ne purent l'arrêter un instant. Elle pressentait que désormais le temps lui était mesuré et qu'il ne fallait pas en perdre une parcelle.

Elle se retira dans une cellule inoccupée de l'infirmerie, et là, dans un recueillement absolu, elle acheva de purifier son âme et de la préparer à paraître devant Dieu. « Je passai ces six jours à lutter contre la souffrance et le sommeil, impossible de trouver une bonne place, un bon sentiment, une bonne pensée. La somnolence et la douleur, voilà mon occupation pendant ces jours de grâce. Qu'au moins de l'humiliation d'un pareil état je retire l'humilité. » Elle traça d'une main tremblante les notes et les résolutions de ces pieux exercices; on dirait les lueurs vacillantes, d'un flambeau qui va s'éteindre. Peut-être soupçonnait-elle que, sur le cahier confident de sa vie, elle fixait les derniers vestiges de sa pensée et de son cœur. Ce sont les seuls qu'elle ait signés de son nom.

Après être sortie de retraite, semblable à une maîtresse de maison qui dispose tout avant de partir pour un lointain voyage, la Mère Zoé ramassa le reste de ses forces pour mettre tout en ordre dans la demeure qu'elle allait quitter. Elle la parcourait d'un pas lent, la poitrine oppressée, et s'arrêtant de temps en temps pour respirer, elle revoyait les divers emplois, elle s'informait des besoins des sœurs, elle procurait à chacune les vêtements ou les objets qui lui étaient nécessaires. Elle écrivit encore, d'une main mourante, quelques lettres brèves qui sont comme le chant du cygne, et comme l'annonce de son prochain départ.

Enfin, le jour de la Toussaint 1883, vaincue par la force du mal, elle dut se mettre au lit avec le secret pressentiment qu'elle n'en relèverait plus. Le soir, trop malade pour assister aux vêpres des morts, elle dit aux sœurs qui l'entouraient : « Allez à l'église, prier pour nos chères défuntes, moi je vais tourner mes regards du côté du cimetière et du côté du ciel vers la chère Mère Martine, car bientôt je dois aller la rejoindre ; oui, bientôt je la reverrai. »

Elle sentait la fin approcher, mais pour ne pas affliger ses sœurs, elle évitait de revenir sur ces tristes pensées, et se contentait de se préparer en silence, sous l'œil de Dieu. Toutefois avec les sœurs de passage, elle se croyait tenue à moins de réserve, et à une jeune religieuse qu'elle envoyait en maison de dépendance, elle dit : « Adieu, mon enfant, embrassons-nous, car c'est la dernière fois, nous ne nous reverrons plus en ce monde. »

Altérée du désir de voir le Bien-aimé, elle souffrait de plus en plus de cette divine nostalgie qui tourmente les saints, elle laissait sortir de sa poitrine ces gémissements : « Mon Dieu, que la terre est triste ! mon âme est triste jusqu'à la mort. Que vous tardez à venir, Seigneur Jésus ; venez, mon époux divin, venez, venez. »

Le plus souvent, elle soupirait en silence, et en voyant couler autour d'elle tant de larmes affectueuses, elle ressentait le déchirement de la séparation : « Il fait bon au ciel, et pourtant je sens qu'il m'en coûtera de quitter mes filles, il faudrait mourir toutes ensemble. » A ses sœurs éplorées qui voulaient faire violence au ciel pour retenir sur la terre une Mère tant aimée, elle répondait avec saint Martin : « Je ne refuse pas le travail, si Dieu me juge encore utile sur la terre, que sa sainte volonté soit faite, oui, Seigneur, je veux tout ce que vous voulez. »

De tous côtés, des supplications s'élevaient vers le ciel ; à Lourdes, à Paray-le-Monial, dans les communautés, des messes étaient célébrées pour obtenir la guérison si désirée, plusieurs de ses filles offraient le sacrifice de leur vie. Dieu paraissait sourd aux instances de ses enfants; la malade était seule à ne pas se faire illusion, à la confiance que les sœurs mettaient en tant de prières, elle répondit : « Non, non, le bon Dieu ne me guérira pas, j'attends son appel. »

Sobre de démonstrations, elle ne voulait ni attendrir les autres ni s'attendrir elle-même, et la pensée d'aller bientôt paraître devant Dieu, lui inspirait un détachement encore plus complet des créatures. Elle dit à sa sœur qu'elle voyait à son chevet, brisée de chagrin : « Quand je mourrai, je ne voudrais pas être entourée des miens. » — Pour être tout à Dieu, n'est-ce pas, vous avez raison, c'est plus parfait. C'est admirable d'être ainsi disposée. » L'humble malade, craignant d'avoir contristé sa sœur ou donné trop bonne opinion d'elle-même : « Non, non, ce n'est pas cela, n'en croyez rien, je dis tant de choses insignifiantes. » Elle se replongea dans son silence d'adoration, entrecoupé de temps en temps par des élans d'amour ; les oraisons jaculatoires qu'elle avait tant de fois répétées dans sa vie lui revenaient jusque dans son délire : « Mon Dieu, vous êtes mon tout ! Ah ! vous êtes bon pour moi, vous m'avez tout donné ! Je veux tout ce que vous voulez. Ah ! vos miséricordes, vos miséricordes ! »

Dans la soirée du 19, Mgr l'Archevêque, averti de l'état très grave, où se trouvait la supérieure qu'il tenait en si haute estime, voulut lui apporter quelques paroles de consolation et lui donner sa paternelle bénédiction. Elle le reçut, avec cette dignité simple et ce tact parfait qu'elle savait mettre en toutes choses. On remarqua même dans sa parole une clarté et une distinction inaccoutumées. Monseigneur en l'entendant ne put s'empêcher de s'écrier : « Mais, ma fille, vous n'êtes pas malade. »

Après cette consolante visite, l'infirmière lui dit : « Etes-vous bien contente, ma R. Mère, d'avoir reçu la bénédiction de Monseigneur ? — Ah ! répondit-elle, avec les termes d'humilité qu'elle avait coutume d'employer pour elle et pour sa maison, nous sommes de petites gens, nous autres, et nous ne méritons pas tant d'honneur. »

Une autre visite plus grande encore et plus chère va mettre le comble à son bonheur et couronner sa vie. Le Dieu qui était venu, aux jours de son adolescence, pour l'aider à vivre, va venir pour l'aider à mourir. Avant de quitter le champ de bataille où tous les combats avaient été marqués par une victoire, l'athlète généreuse avait besoin d'un dernier secours pour la lutte suprême qui s'appelle par excellence, le combat, *l'agonie*. Il est temps que les saintes onctions et le viatique du salut, l'arment de force pour la victoire finale.

Bientôt l'époux divin va la prendre par la main, et lui dire, en lui ouvrant les portes radieuses du paradis : *Venez, mon épouse fidèle, venez du Liban, je veux vous couronner.*

CHAPITRE XV

Derniers sacrements. — Mort. — Sépulture.

Le mal continuait ses ravages, et depuis 19 jours qu'il s'était déclaré avec des caractères alarmants, aucun secours humain n'avait pu entraver sa marche. Le religieux et dévoué docteur Lambert qui, depuis de longues années, prodiguait à la R. Mère les soins les plus habiles, effrayé de ces progrès irrésistibles et craignant un épanchement au cerveau, pressa l'administration des derniers sacrements. Il répondait par là aux désirs de la malade qui s'y préparait depuis plusieurs jours et qui d'elle-même les avait déjà demandés. Le soir du 19 novembre, le R. P. supérieur entendit sa confession faite ce jour-là, ainsi que d'habitude, comme devant être la dernière de sa vie. On laissa la nuit passer sur cette suprême absolution, et le lendemain matin le R. Père, assisté du P. aumônier, se disposa à administrer le saint viatique et l'extrême-onction. La pieuse malade demanda à être transportée dans la salle du chapitre, afin que toutes ses filles eussent la consolation d'assister à cette touchante cérémonie, mais son extrême faiblesse ne permit pas de satisfaire à son désir.

Il était 8 heures, la chambre et les cloîtres qui y conduisent étaient remplis de sœurs agenouillées dans une émotion impossible à décrire. Le R. Père suffoqué par la douleur, adressa à la mourante quelques paroles qui se perdirent dans ses larmes et il se hâta de terminer par ces mots : « Comme les sœurs de Lazare, ma chère fille, nous disons à Notre Seigneur : Bon Maître, celle que vous aimez est malade, si vous voulez, vous pouvez la guérir. »

Alors la pieuse mourante joignit les

mains, et le visage rayonnant de paix et d'amour, d'une voix claire qu'on ne lui connaissait plus, elle prononça ces touchantes paroles : « Ma Mère et mes sœurs, je vous demande pardon de la peine que j'ai pu vous causer, des mauvais exemples que je vous ai donnés. Et vous, mes bons et vénérés Pères, qui m'avez si bien aidée à porter la lourde charge de la supériorité, je vous remercie, vous et tous les bons Pères qui ont montré tant de dévouement pour cette communauté. Si Dieu me fait miséricorde, je prierai bien pour ma chère Congrégation et pour celle de Pontigny, afin qu'elles continuent leurs œuvres.

« Je n'oublierai pas non plus les personnes qui m'ont fait du bien et par dessus tout mes filles bien aimées, je prie Notre Seigneur de les bénir. »

Ces paroles firent couler les larmes de tous les yeux et le R. Père d'une main tremblante donna à la mourante le viatique de la vie éternelle, il fit ensuite les saintes onctions et appliqua l'indulgence plénière. La bonne Mère entendait les sanglots, elle en fut profondément touchée, murmura tout bas : « Je ne me croyais pas tant aimée. »

L'assistante ne voulut pas sortir avant d'avoir reçu une particulière bénédiction. La mourante se recueillit comme pour appeler du ciel des grâces spéciales sur celle qui devait lui succéder, elle la bénit ensuite affectueusement en lui exprimant sa reconnaissance : « Je vous remercie, bonne Mère, de m'avoir si bien aidée, continuez à travailler pour la gloire de Dieu. Du courage, laissez faire notre Père céleste, abandonnez-vous entièrement à son bon plaisir, il sait bien ce qu'il vous faut. » Elle bénit ensuite ses trois nièces, remercia les infirmières de leurs bons soins et leur recommanda encore une fois d'avoir toujours une grande charité pour les malades.

Dans le reste de la journée, elle consolait elle-même les sœurs qui l'approchaient. A l'une d'elles qui lui montrait une plus grande désolation : « Allons, dit-elle, soyons généreuse. Il faut vouloir ce que Dieu veut. Lorsqu'il aime une âme, il la sépare, il la détache et il l'attire. Mon Dieu, oui, tout ce que vous voulez, je le veux bien. » Puis levant au ciel un regard d'amoureuse soumission au bon plaisir de Dieu, elle traça lentement sur le front de la sœur, le signe de la croix.

Le lendemain 21, vers quatre heures du soir, sentant la vie décliner de plus en plus, elle dit à l'infirmière : « Pourquoi ne me récite-t-on pas les prières pour les malades ? — Mais, ma bonne Mère, on prie pour vous le jour et la nuit. — Je veux parler des prières des agonisants. — Aussitôt qu'il en sera temps, on ne manquera pas de vous les dire, mais il est encore trop tôt, il faut attendre. — Non, mon enfant, il n'est pas trop tôt, je vous prie de m'accorder ces suffrages, afin que je les suive avec la communauté, tandis que j'ai encore ma connaissance. Demandez-le pour moi, si cela ne cause pas trop de dérangement à nos pères et à nos sœurs ; autrement j'attendrai. »

Il fut fait selon ses désirs et les prières des agonisants furent récitées avec une vive émotion par le R. P. supérieur auquel répondaient le P. aumônier et les sœurs réunies, et elle put y joindre sa voix mourante et répondre avec une ferveur angélique à toutes les invocations

Les prières venaient de s'achever lorsque la nièce du plus insigne bienfaiteur de la maison, arrivant de Troyes en toute hâte, sollicita la faveur d'embrasser une dernière fois la R. Mère qu'elle avait toujours aimée. Aucune visiteuse n'était admise, mais par une exception mille fois méritée, la pieuse demoiselle fut introduite. A sa vue, l'agonisante sort tout à coup de son état de prostration, tend les bras à la grande amie de sa famille religieuse et la presse sur son cœur. Elle lui demande avec sa bonté d'autrefois devenue plus touchante encore des nouvelles de tous les siens. Elle ajouta de sa voix défaillante : Mon plus ardent désir, c'est que vous soyez tous des saints, oui, c'est l'objet de ma constante prière, répétait-elle en embrassant de nouveau et plus tendrement encore la chère visiteuse. Il y avait dans son accent tant de reconnaissance et d'affection, qu'elle fit couler de nouvelles larmes.

Après ces scènes émouvantes qui la tirèrent de son assoupissement, vers six heures la R. Mère se fit lever, demanda qu'on lui apportât du linge et voulut faire elle-même sa funèbre toilette, afin qu'après la mort personne ne touchât son corps virginal. Ces soins terminés, elle dit : Maintenant, Seigneur, je n'ai plus qu'à mourir et il ne me faudrait pour cela qu'un bien petit effort. On la remit au lit, et à partir de ce moment, elle ne fit plus entendre aucune parole. Quelques soupirs seulement s'échappaient, par intervalles, de sa poitrine haletante.

Vers 8 heures, l'agonie sembla commencer, une crise se déclara, on crut que c'était la dernière. Le R. Père et les sœurs présentes récitèrent les prières pour la recommandation de l'âme qui furent suivies du rosaire tout entier, entremêlé des invocations : Jésus, Marie, Joseph, je vous donne mon cœur, mon esprit et ma vie... La crise céda, l'agonisante redevint calme, et on voyait ses lèvres se remuer encore. La prière qui avait rempli sa vie semblait devenue l'harmonie nécessaire à ses oreilles et à son cœur ; si on l'interrompait un instant, par un mouvement de la tête ou de la main, elle faisait signe de continuer à haute voix les invocations.

Un peu avant minuit, une crise nouvelle parut annoncer la mort. Le R. Père qui n'avait pas voulu quitter le chevet de sa fille spirituelle, prit le crucifix et l'approchant de ses lèvres, il lui dit : « Ma fille, baisez l'image de Votre Sauveur crucifié. » La mourante, qui depuis le commencement de son agonie tenait les yeux fermés, les rouvrit tout à coup et, regardant le crucifix avec amour elle lui donna son dernier baiser ; puis elle referma les yeux pour ne plus les rouvrir que dans l'éternité. Les prières reprirent leur cours avec une nouvelle ferveur et à 4 heures du matin, le 22 novembre, en la fête de sainte Cécile, vierge et martyre, la vierge du Seigneur dont la vie n'avait été qu'un long martyre, exhala doucement son dernier soupir. Elle était âgée de 62 ans et 3 mois.

Chacune des sœurs couvrit ce visage inanimé de baisers et de larmes, et après la première explosion de douleur, elles revêtirent leur Mère de son habit religieux, et elles l'exposèrent sur un lit orné de couronnes et de fleurs. Un voile de tulle recouvrant son visage, descendait sur ses mains et retombait en draperie sur la couche funèbre.

Elle était douce à contempler ainsi, la mort n'avait pas altéré son visage; rien n'était changé, ni le teint, ni les traits, elle semblait dormir, le sourire aux lèvres, et jusque dans le trépas, conservait cette expression candide et attrayante qui avait été le cachet distinctif de sa physionomie.

Elle resta exposée pendant trois jours à la vénération des fidèles qui venaient plutôt l'invoquer que prier pour elle. On se disputa la faveur de veiller la nuit auprès de sa couche et une des privilégiées qui y fut admise écrivait : « Je regarde comme une des plus grandes grâces de ma vie, celle qui me fut accordée de passer la nuit auprès de ce saint corps. Il me semblait être de garde auprès du reposoir le jeudi saint. Ce corps virginal n'était-il pas le tabernacle où Jésus avait si souvent reposé et pris ses complaisances. Cette chère et sainte nuit me parut bien courte ; pour mon cœur elle ne dura qu'un moment, la pluie des grâces tombait à flots sur mon âme. »

On faisait toucher à ses mains, des croix, des images, des chapelets, qu'on emportait ensuite comme des reliques. Son crucifix disparut pour être remplacé par d'autres qui se succédaient sans interruption après avoir reposé un instant sur son cœur. On se disputait une fleur de son lit funèbre, et après que le corps fut descendu au caveau, des personnes du monde offraient de l'argent aux ouvriers pour obtenir des fleurs jetées sur son cercueil.

A la fatale nouvelle, les sœurs des

maisons de dépendance arrivaient de toutes parts et à toutes les heures du jour et de la nuit. Elles se précipitaient dans la chambre mortuaire qui ne désemplissait pas, elles couvraient leur Mère de baisers, et les prières sur leurs lèvres se transformaient involontairement en invocations. Elles lui confiaient leurs angoisses et, plus puissante encore dans la mort que dans la vie, leur Mère les consolait et les exauçait. Beaucoup attestent qu'elles en obtinrent des grâces signalées.

Enfin, le corps vénérable qui, après trois jours, n'exhalait aucune odeur, dut être confié au cercueil. Le R. Père l'aspergea d'eau sainte et commença le *De Profundis* qui s'acheva au milieu d'un torrent de larmes. Ce fut comme une seconde mort. Les filles ensevelirent leur Mère dans un linceul de lin fait exprès pour elle et qui lui avait servi de nappe à sa dernière communion; puis elles la déposèrent dans un cercueil de plomb, qui bientôt scellé la déroba pour jamais à tous les regards.

Après ces douloureux préparatifs, la cérémonie des obsèques commença. Le corps de la chère défunte fut porté au chant de l'*In Exitu* dans la magnifique église qu'elle avait vue avec tant de bonheur s'élever et s'embellir. Les vicaires généraux du diocèse, un nombreux clergé, plus de deux cents Religieuses et une foule recueillie accourue de toutes parts, mais surtout de la ville de Sens, remplissait la vaste enceinte. Le R. Père supérieur officiait; à lui aussi il appartenait de prononcer l'éloge funèbre de celle qu'il avait dirigée pendant 20 ans dans les plus hautes régions de la sainteté. Il la compara à la femme forte de l'Ecriture qui n'a pas mangé son pain dans l'oisiveté, et qui a gouverné sa maison dans la sagesse et la bonté. Il parla avec une émotion qui eut bientôt gagné toute l'assistance; après l'absoute solennelle, le cortège se mit en marche pour conduire la vénérée Mère à sa dernière demeure.

La Providence avait ménagé à ses filles, au milieu des amertumes de la séparation, la plus douce des consolations ; il leur était permis de conserver dans l'enceinte de leur couvent de Saint-Antoine, la dépouille mortelle de leur sainte Mère. A l'extrémité orientale du monastère, à deux cents pas de l'église, une élégante chapelle funéraire, adossée au mur de clôture, abrite deux tombeaux d'un caractère monumental. Le premier à droite renferme les restes du fondateur, le second, à gauche, les restes de la fondatrice que nous avons, l'un et l'autre, appris à connaître. Entre ces deux tombeaux, on a creusé la fosse où la fille va reposer entre le Père et la Mère dont elle a consolé les vieux jours et continué l'œuvre avec un succès égal à son dévouement. C'est là que le corps vénérable fut descendu, là qu'il repose, entouré d'un amour filial qui ressemble à un culte, et d'un respect qui grandit avec le temps.

Ce pieux tombeau est devenu le but d'un pèlerinage incessant ; c'est là que chacune va porter ses peines d'âme et ses souffrances de corps, verser le trop plein de son cœur dans le cœur inanimé qui conserve jusque dans la mort la puissance de secourir et de consoler. Là des maladies désespérées ont été guéries, des âmes tentées et découragées ont retrouvé la joie et la paix. Ce sépulcre fermé est devenu une source de vie, et comme le tombeau des saints, il en sort plus que de l'amour, des vertus fructifiant dans l'amour.

Chère et vénérée Mère ! Bénissez, du haut du ciel, ces pages écrites, moins pour vous glorifier que pour continuer votre apostolat et les traditions de sainteté laissées à vos filles comme un héritage sacré. Conservez dans votre chère congrégation l'esprit d'humilité et de simplicité, l'amour de la prière et du sacrifice ; fortifiez et multipliez les vocations, peuplez votre maison de saintes. Que vos héritières soient comme vous charitables et détachées de tout, qu'elles aiment les pauvres, les malades, les enfants du peuple et les humbles écoles de campagne, qu'elles chérissent leur vocation comme la plus belle forme que la vie humaine puisse revêtir sur cette terre.

Avant de fermer les yeux aux tristes spectacles de ce monde pour les ouvrir aux splendeurs de l'éternité, ô Mère, vous avez vu chez vous, les premiers ravages de la persécution et les menaces plus terribles encore d'un avenir chargé d'orages. De la patrie immuable que vous habitez, abritez vos filles sous le manteau de votre protection devenue plus puissante, donnez-leur l'assurance qu'elles n'ont rien à craindre que d'elles-mêmes, que *nulle adversité ne saurait leur nuire si aucune iniquité ne les domine* et que si elles sont des saintes, elles ne sauraient périr. Votre communauté est un foyer de lumière et d'amour allumé dans notre diocèse par la Providence, il y a plus de 60 ans, auquel viennent s'éclairer et se réchauffer les jeunes générations ; le jour où il s'attiédirait, il n'aurait plus de raison d'être, et Dieu permettrait aux révolutions d'en jeter les cendres au vent ; mais tant qu'il gardera comme aujourd'hui le feu sacré, Dieu le conservera, il en a besoin pour sa gloire et pour les âmes.

Et puis, votre dépouille mortelle est là, ô Mère, comme une chaire toujours vivante et un palladium inviolable. C'était aux catacombes et sur les tombes des martyrs, que les premiers chrétiens allaient apprendre à vivre et à mourir pour Jésus-Christ ; les tombeaux des saints prophétisent. Vos filles, ô Mère, iront sur ces trois tombeaux qui forment la pierre angulaire de leur chère maison, chercher la force de se dévouer et de mourir, au besoin, pour la grande cause à laquelle elles ont consacré leur vie. Si le sang des martyrs est une semence de chrétiens, les ossements des saintes supérieures jetés dans le sillon de la mort, comme le grain de blé qui produit au centuple, engendrent des vocations et font germer la sainteté.

Daignent les âmes qui liront ce récit trop affaibli de vos vertus, m'accorder un souvenir dans leurs prières, c'est par cette requête que j'ai commencé, c'est par elle que je veux finir. Daignez vous-même, ô sainte amie de Dieu, m'obtenir de sa miséricorde, le seul bien que je puisse désormais désirer en ce monde, la grâce de mourir comme vous, de la mort des saints.

FIN

TABLE DES MATIÈRES

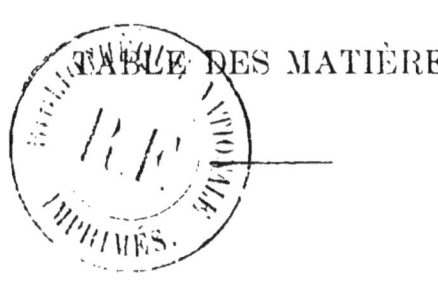

	Pages
Aux Sœurs de la Providence de Sens.	1

CHAPITRE I. — Naissance. — Famille — Enfance. — Première communion . . 7

CHAPITRE II. — Adolescence. — Etablissement des Sœurs de la Providence à Ligny-le-Châtel. — Madame Bresson. — Monsieur Brigand. — Vocation de Marie-Célestine 27

CHAPITRE III. — Départ. — Noviciat. — Vêture. — Profession. 45

CHAPITRE IV. — La sœur Zoé maîtresse de classe au pensionnat d'Auxerre. — Incident : M. Moreau, curé de Saint-Aubin, part avec le P. Muard pour fonder la Pierre-qui-Vire. — Désirs d'une vocation plus parfaite. 63

Pages.

CHAPITRE V. — La sœur Zoé maîtresse des novices. — Etat de la communauté à son arrivée. — Intervention admirable de la Providence. — Le P. Cornat, aumônier. — Le R. P. Boyer, supérieur ecclésiastique 89

CHAPITRE VI. — La Mère Zoé assistante. — La M. Martine la remplace comme maîtresse des novices. — La Mère Zoé visitatrice. — Vente de la maison de Ligny, berceau de la Congrégation . . 113

CHAPITRE VII. — La Mère Zoé est nommée supérieure générale par l'ordinaire Monseigneur l'archevêque de Sens. — La sœur Catherine. — Mort de la R. M. fondatrice. — Election régulière de la R. M. Zoé 139

CHAPITRE VIII. — La Révérende Mère Zoé, règle vivante. — Sagesse administrative. — Construction de l'église de l'Immaculée-Conception dans le couvent de Saint-Antoine 161

CHAPITRE IX. — La R. M. Zoé victime. — Elle s'immole à ses sœurs. — Elle s'immole à son Dieu 187

CHAPITRE X. — Foi. — Espérance. — Charité. — Pèlerinage à Paray-le-Monial 213

	Pages.
CHAPITRE XI. — Charité pour tous. — Charité spéciale pour les sœurs âgées. — Pour les sœurs infirmes	243
CHAPITRE XII. — Dénument de l'esprit par l'humilité. — Dénument du corps par la pauvreté. — Dénument du cœur par le détachement des créatures. — Rapports avec sa famille.	269
CHAPITRE XIII. — Direction. — Correspondance	293
CHAPITRE XIV. — Maladies. — Déclin.	315
CHAPITRE XV. — Derniers Sacrements. — Mort. — Sépulture.	335

Auxerre. — Imp. Oct. CHAMBON, rue du Collége, 8.

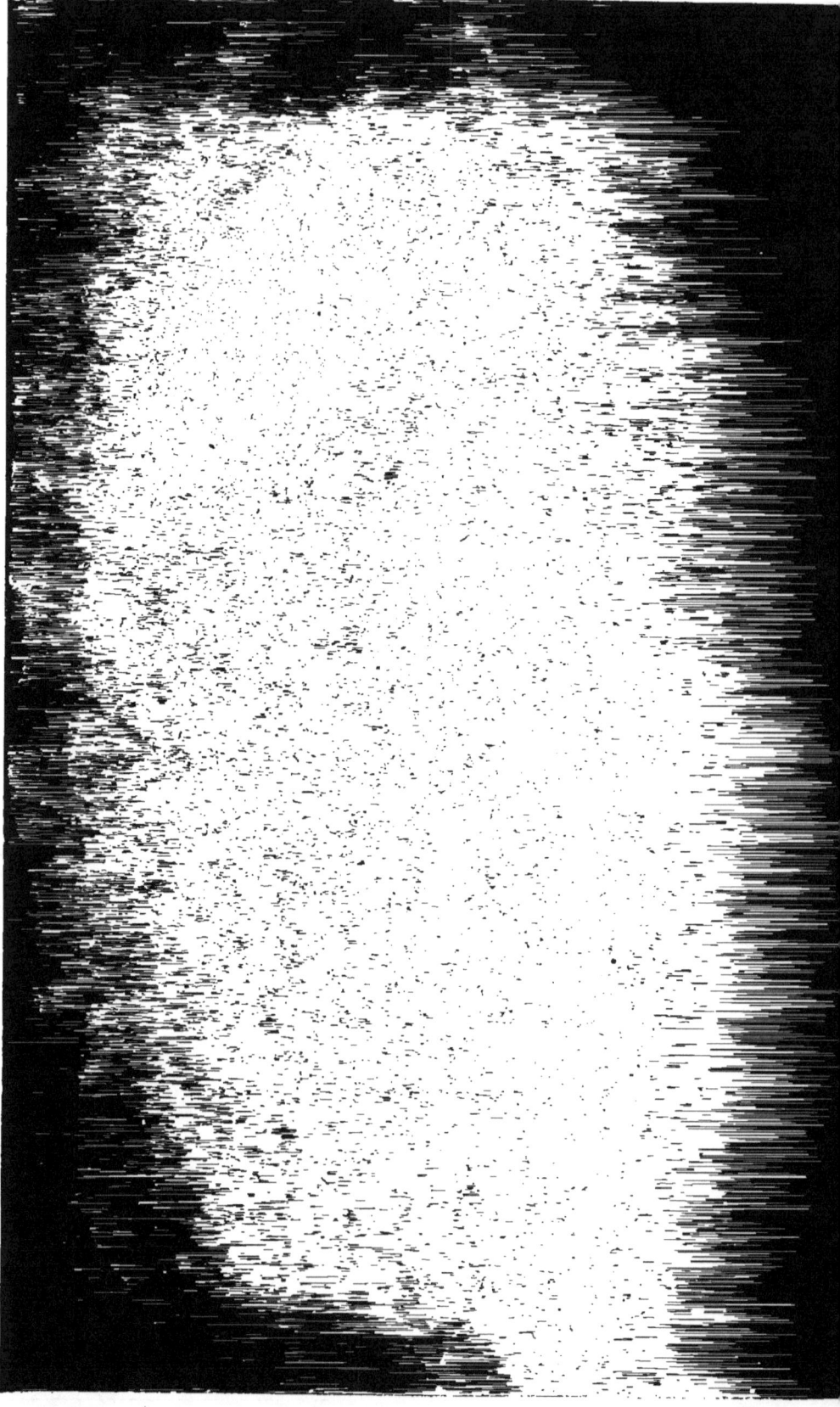

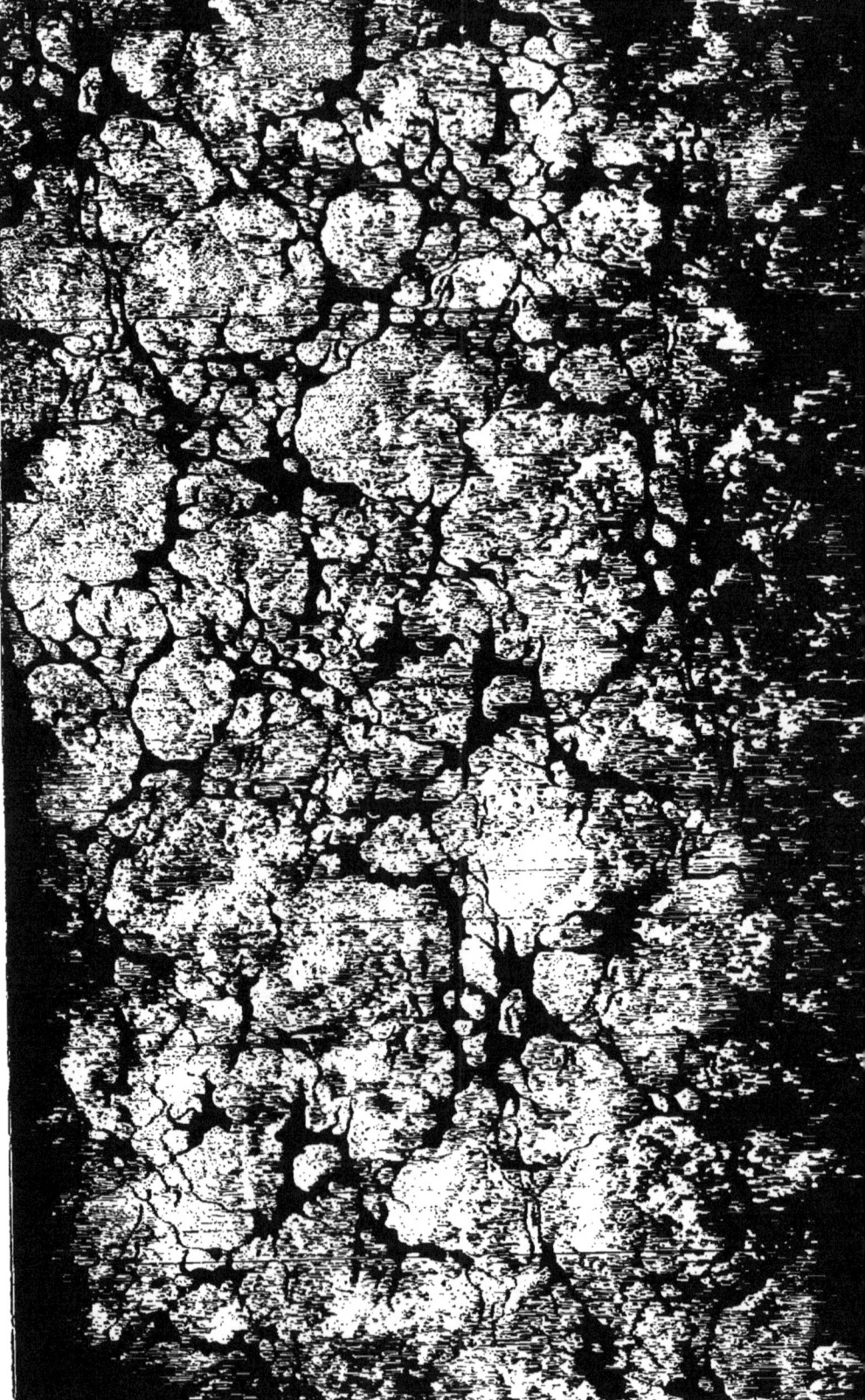

www.ingramcontent.com/pod-product-compliance
Lightning Source LLC
Chambersburg PA
CBHW070452170426
43201CB00010B/1307